Josef Pischl

SCHNAPSBRENNEN

6., völlig neu bearbeitete Auflage

LEOPOLD STOCKER VERLAG

Umschlaggestaltung: Josef + Maria, Josef Rauch Werbe-, Marketing-, Beratungsgesellschaft m. b. H., A-8010 Graz
Umschlagfoto: Josef Pischl, Atelier Geyer
Fotos: Fa. Binderberger, S. 69, 76, 80, 84
Fa. Jessernig, S. 79, 82, 87
Fa. Reiter, S. 103
Fa. Stanzl, S. 48 oben
Fa. Stossier, S. 48 unten
Dr. Otto Wassermann, S. 15
Den Rest der Fotos hat der Autor dem Verlag freundlicherweise zur Verfügung gestellt.
Zeichnungen und Skizzen: wie 4. Auflage bzw. Herr Klaus Galuschka

Der Autor:
Josef Pischl, OStR Prof. Dipl.-Ing., geboren 1928; Absolvent der HBLA Klosterneuburg/Abt. Wein- und Obstbau; Studium an der Universität für Bodenkultur (Landwirtschaft), Wien; Direktor der Landeslehranstalt Rotholz i. P. und Lehrtätigkeit; Beratertätigkeit im Bereich Obstbau und Obstverwertung.

ISBN 3-7020-0648-6

Printed in Austria
Gesamtherstellung: M. Theiss, St. Michaeler Straße 2, A-9400 Wolfsberg/Kärnten

Inhaltsverzeichnis

Vorwort

Der Alkohol und besonders das Destillieren war schon bei den Ägyptern und Griechen bekannt. Im Mittelalter befaßten sich die Alchimisten mit der Destillation alkoholischer Flüssigkeiten. Sie fanden zwar nicht Gold, dafür erzeugten sie Schnäpse und Liköre, welche das Herz der Mitmenschen erfreuten und den Magen erwärmten.
Als ich Ende der fünfziger Jahre als Obstbaulehrer mit dem Schnapsbrennen in Berührung kam, mußte ich feststellen, daß viele noch wie die Alchimisten arbeiteten. Es war wohl manchmal ein großes Erfahrungswissen vorhanden, doch wußte man sehr wenig über die chemischen und physikalischen Vorgänge, welche letztendlich einen guten Schnaps ergeben sollten.
Auf Anregung des Leopold Stocker Verlages habe ich dann versucht, das notwenige Wissen für die Erzeugung eines guten „Selbstgebrannten" in einem Brennbüchlein einfach, praxisgerecht und leicht verständlich darzulegen.
In dieser 5. Auflage habe ich neue Erkenntnisse und Erfahrungen berücksichtigt.
Für mich als Autor wäre es auch interessant zu erfahren, wie Sie, lieber Leser, als Schnapsbrenner mit dem Büchlein zurechtkommen, denn nur im Kontakt mit den Praktikern kann ein praxisgerechtes Buch geschrieben werden.
Man bekommt ja heute viele verschiedene Schnäpse zu kaufen, aber viele Leute möchten aus dem eigenen Obst einen guten „Selbstgebrannten" erzeugen. All jenen möge dieses Büchlein ein guter Wegweiser sein!

Dipl-Ing. Josef Pischl

Kematen, im September 1992

Bedeutung

Die Branntweinerzeugung ist schon sehr alt. Das Verfahren hat sich natürlich im Laufe der Zeit verbessert und verfeinert. Das im bäuerlichen Betrieb oder im Siedlergarten anfallende Obst ist nur teilweise als Frischobst zu verwenden. Ein mehr oder weniger großer Teil ist Ausschußware und muß einer anderen Verwertung zugeführt werden. Solches Obst kann zu Apfelsaft, Essig, Most und letztendlich auch zu Schnaps verarbeitet werden.
Wirtschaftlich gesehen kommt auch heute noch der Branntweinerzeugung große Bedeutung zu, da ja dadurch viel Obst einer guten Verwertung zugeführt werden kann. Der Schnaps hat keine Preisbindung, ist überdies lange haltbar und wird dabei sogar besser. Das Brennen fällt auch in die arbeitsarme Zeit. Leider sind viele Brennereibesitzer der Meinung, daß das Schnapsbrennen vollkommen unrentabel sei. Für viele ist es wirklich unrentabel, da bei der gesamten Verarbeitung – angefangen von der Auswahl des Obstes bzw. anderer Rohstoffe bis zum fertigen Branntwein – viele Fehler gemacht werden. Oft sind es nur kleine Fehler, doch summieren sich auch diese und beeinträchtigen dann den Erfolg.

Jeder Schnapsbrenner soll durch Wiegen des einzumaischenden Obstes sowie durch Messen der Alkoholausbeute feststellen, wieviel Schnaps pro 100 kg Obst bzw. Maische gewonnen wurde.

Diese Selbstkontrolle ist für eine rentable Brennerei unbedingt notwendig. Sollte sich dabei eine zu geringe Ausbeute (unter den Sätzen des Finanzamtes) ergeben, müssen die Fehler gesucht und beseitigt werden.
Dieses Büchlein soll Ihnen helfen, aus Obst, Beerenfrüchten und Wurzeln einen guten „Selbstgebrannten“ zu erzeugen.

1. Grundzüge des Brennens

Branntwein oder Schnaps ist ein stark alkoholisches Getränk. Zur Herstellung werden zuckerhältige Früchte und Wurzeln zerkleinert und eingemaischt. Die zerkleinerten Früchte und Wurzeln nennt man Maische.
Im Faß erfolgt die alkoholische Gärung, wobei die Hefe den Zucker in Alkohol umwandelt. Weiters werden neben den bereits vorhandenen Aromastoffen noch neue gebildet.

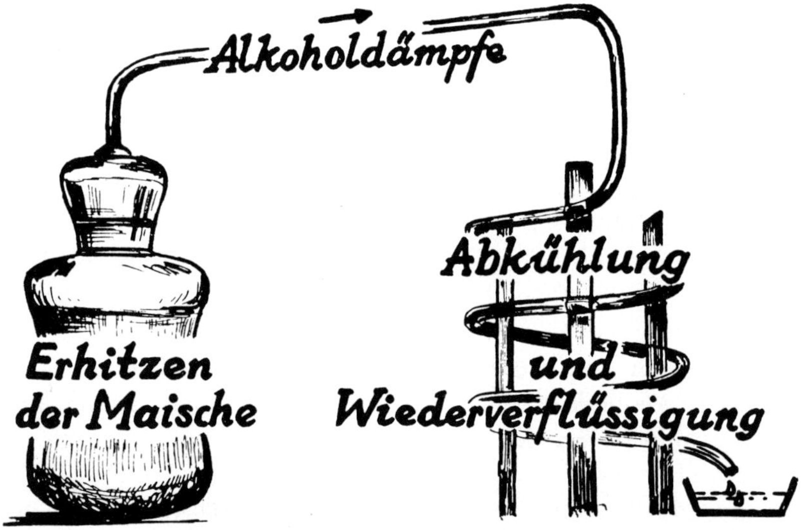

Schematische Darstellung der Alkoholgewinnung

In gewerblichen Brennereien wird auch aus Getreide und Kartoffeln Branntwein hergestellt. Dieser kommt meist hochkonzentriert als Weingeist oder Sprit in den Handel.
Die Alkoholausbeute hängt vom Zuckergehalt des Ausgangsproduktes und vom Grad der Vergärung ab. Nur reife, gut besonnte und gesunde Früchte haben einen entsprechenden Zuckergehalt. Schlecht vergorene Maischen enthalten noch Zuckerreste. Dies drückt natürlich die Alkoholausbeute. Neben dem Trinkalkohol (Äthylalkohol) entstehen bei der Gärung auch andere flüchtige Stoffe. Diese Stoffe sind teilweise zum Genuß nicht geeignet bzw. haben einen unangenehmen Geschmack und Geruch. Eine Trennung ist durch die unterschiedlichen Siedepunkte dieser Stoffe möglich. Der Trinkalkohol

siedet bei ca. 78° C. Die übrigen Stoffe haben einen tieferen oder höheren Siedepunkt.
Durch entsprechendes vorsichtiges Heizen beim Brennkessel ist eine Trennung dieser Stoffe möglich. Um einen guten Schnaps zu erhalten, ist ein zweimaliger Brennvorgang notwendig.
Der Brennvorgang selbst ist eine Destillation, das heißt, die Maische wird erhitzt, die Alkoholdämpfe zu einem Kühler geleitet und dort wieder verflüssigt (kondensiert). Der gewonnene Schnaps führt daher auch die Bezeichnung „Destillat". Der Brennrückstand ist die Schlempe.

1.1 Brennschema

Obst zerkleinern → Maische → Gärung → Brennen (zweimal)

Erster Brand oder Rauhbrand: Die Maische gibt das Rauhwasser (Rauhwasser, Lutter), Rückstand im Kessel = Schlempe.

Zweiter Brand oder Feinbrand: Das Rauhwasser gibt

a) Vorlauf: für Einreibungen, nicht trinkfähig;
b) Mittellauf: Trinkalkohol (Schnaps, gute Geruchs- und Geschmacksstoffe;
c) Nachlauf: Fuselöle, schlechte Geruchs- und Geschmacksstoffe, vermischt mit etwas Trinkalkohol, nicht trinkfähig.

2. Rohstoffe der Brennerei

Zur Branntweinerzeugung können grundsätzlich alle zucker- und stärkehaltigen Früchte, Wurzeln und Getreidearten sowie alle alkoholhaltigen Flüssigkeiten verwendet werden.
Es sollen aber hier nur jene Rohstoffe besprochen werden, welche für die Abfindungsbrennerei und den Hausbrand von Bedeutung sind bzw. welche aus der heimischen Produktion stammen.
Die Ausbeute an Schnaps hängt vom Zuckergehalt der Früchte und die Qualität besonders vom Reifegrad der Früchte ab. Es ist daher besonders wichtig, daß das Brennobst die volle Reife erreicht hat, denn nur so sind ein hoher Zuckergehalt und viel Aroma zu erreichen. Grundsätzlich ist es daher falsch, das minderwertige und unreife Ausschuß- und Fallobst für die Brennerei zu verwenden. Es kann damit keine hohe Ausbeute und keine Qualität erreicht werden. Das zu verwendende Obst soll mindestens gut reif sein. Obst mit geringerem Zuckergehalt eignet sich besser zur Saftherstellung. Die Obstqualität selbst beginnt aber bereits bei der Baumpflege. Obst von dichten, ungepflegten Bäumen wird nur notreif, das heißt, es hat wenig Zucker- und Aromastoffe. Es ist daher mindestens ein Auslichten der Bäume notwendig, damit Sonnenlicht in das Bauminnere zu den Früchten gelangt. Sonnenlicht und grüne, gesunde Blätter sind Voraussetzung für die Zucker- und Aromabildung. Zusätzlich würden eine Düngung und ein gewisses Maß an Pflanzenschutz auch vorteilhaft sein.

2.1 Inhaltsstoffe der Früchte, Beeren und Wurzeln

Wasser
mengenmäßig der größte Teil (bis 85%)
Kohlehydrate
hauptsächlich verschiedene Zuckerarten, Grundlage für die Alkoholbildung
Andere Stoffe
Säuren, Eiweiß, Mineralstoffe usw. Bei der Gärung entstehen daraus teilweise neue Aromastoffe
Aromastoffe
für die Schnapsqualität ausschlaggebend

Die meisten Obst- und Beerenarten haben typische Aromastoffe. Wichtig zu wissen ist, daß die typischen Aromastoffe erst bei voller Reife (Genußreife)

Solche Bäume liefern gutes Brennobst

Solche Bäume liefern minderwertiges Brennobst – wenig Zucker- und Aromastoffe

ganz herauskommen. Sie geben dem Schnaps das typische Aroma. Es entwikkeln sogar einzelne Sorten ein besonders sortentypisches Aroma, welches direkt in den Schnaps übergeht (z. B.: Golden Delicious, Williams Christbirne). Diese Tatsache soll man ausnützen, um ganz spezielle und reine Sortenbrände von höchster Qualität herzustellen.

Extrakt

Alle im Fruchtsaft gelösten Stoffe bilden den Extrakt. Der Hauptanteil ist aber Zucker, dessen genaue Bestimmung nicht einfach und schnell möglich ist. Der Extrakt-Gehalt läßt sich aber rasch bestimmen (siehe Kap. 3, S. 26). Es wird daher oft der Extraktgehalt als Zuckergehalt angegeben. Bei der Berechnung der Alkoholausbeute muß dies aber berücksichtigt werden, d. h. vom gemessenen Extraktgehalt müssen die Nichtzuckerstoffe abgezogen werden (Seite 28).

2.2 Allgemeine Qualitätsansprüche

Beim Obst unterscheidet man Pflückreife und Genußreife. Bei Beeren- und Steinobst fällt beides in etwa zusammen. Beim Kernobst können Wochen bis Monate dazwischen liegen, wenn es sich um Herbst- oder Wintersorten handelt. Für den Schnapsbrenner ist es wichtig, zu wissen, daß sich von der Pflückreife bis zur Genußreife im Obst noch Aromastoffe bilden, welche für die Schnapsqualität wichtig sind.

Obst für Qualitätsschnaps

Merke: Genußreife = Maischereife
Daher Obst nachreifen lassen!

Die Anforderungen an gutes Brennobst sind:
* hoher Zuckergehalt
* Genußreife
* ausgeprägtes sortentypisches Aroma
* frei von Fremdbestandteilen wie Erde, Gras, Blätter usw.

Nicht geeignet zur Erzeugung von Qualitätsschnaps sind unreife, faule, ver-

schimmelte und schlecht ausgebildete Früchte. Sie enthalten wenig Zucker und kaum gute Aromastoffe.
Überreife Früchte verlieren rasch das Aroma.
Ausnahme: Williams Christbirne soll beim Einmaischen teigig sein. Auch Zwetschken und Pflaumen bringen bei Überreife mehr Aroma und daher bessere Schnapsqualiatät.

Merke: Grundbedingung für die rentable Schnapserzeugung ist ein reifes, gesundes und aromatisches Obst.
Qualitätsschnaps kommt von Qualitätsobst!

Solches Obst gibt wohl etwas Schnaps, aber keine Qualität!

2.3 Kernobst

Der Zuckergehalt von Kapitel 2.3 bis 2.6 ist immer auf die ganze Frucht bezogen. Wie nahe man an den höheren Wert herankommt, hängt ganz von der Qualität des Obstes ab.
Der Zuckergehalt schwankt sehr stark. Er ist von der Obstart, der Sorte und besonders vom Reifezustand abhängig.

2.3.1 Äpfel

Im allgemeinen wird aussortiertes Tafelobst, Fallobst und Mostobst für die Brennerei verwendet. Der Zuckergehalt der Äpfel liegt zwischen 4 und 12%; das zum Brennen verwendete Obst hat bei guter Reife ca. 8–10% Zuckergehalt. Für Spezialschnäpse ist auch das Brennen von Tafelobst manchmal wirtschaftlicher als der Frischverkauf.
Herbst- und Wintersorten sind zuckerreicher. Vor dem Einmaischen soll man das Obst je nach Reifezustand etwas nachreifen lassen. Zu diesem Zweck stellt man es in Steigen an einen warmen Platz (Sonne, warmer Raum). Durch das Nachreifen steigt der Zuckergehalt etwas und damit auch die Ausbeute. Das Einmaischen muß aber vor dem Fäulnisbeginn des Obstes erfolgen.
Vorzeitig abfallendes Herbst- und Winterobst hält am besten, wenn man es am Boden liegen lassen kann. Es erfolgt auch in diesem Fall eine Nachreife. Wenn sich genügend Obst angesammelt hat, kann man es auflesen und einmaischen.

2.3.2 Birnen

Es herrscht teilweise die Meinung, daß Birnenschnaps einen eigenartigen öligsäuerlichen Geschmack habe, welcher von den Kernen verursacht würde. Diese Beobachtung konnte vom Verfasser nicht gemacht werden. Man kann ruhig behaupten, daß der Birnenbranntwein eher besser ist als der reine Apfelbranntwein. Bei der Geschmacksbeurteilung ist aber zu berücksichtigen, daß der Geschmackssinn bei den Menschen unterschiedlich ausgebildet ist. Was dem einen gut schmeckt, kann dem anderen unangenehm schmecken.
Der Zuckergehalt der Birnen liegt zwischen 5 und 12% und dürfte im Durchschnitt 9% betragen. Neben den aussortierten Tafelbirnen eignen sich auch die Mostbirnen gut für die Brennerei. Zwei Birnensorten müssen wegen ihrer hervorragenden Branntweinqualität besonders hervorgehoben werden. Es sind dies:

a) Scheuerl- oder Zuckerbirne
Sie ist eine kleinfrüchtige, sehr süße Birne, welche sich auch zum Dörren sehr gut eignet. Der Ertrag ist leider nicht besonders hoch. Diese Birnensorte ist in Tirol im Zillertal stark verbreitet. Der daraus gebrannte Schnaps hat den besten Ruf und wird unter der Bezeichnung „Scheuerlbirnenschnaps“ verkauft.

b) Williams-Christbirne
Sie ist eine ausgezeichnete Tafelbirne. Aus ihr wird der hervorragende „Williamsschnaps" gebrannt. Die Sorte ist sehr reichtragend, doch etwas schorfanfällig. In besseren Obstbauanlagen würde es sich lohnen, eigens zum Brennen diese Sorte zu pflanzen. Bei guten Frischfruchtpreisen kann sie verkauft werden. Bei mangelndem Absatz oder guten Schnapspreisen ist eine Verwertung über die Brennerei sehr rentabel.

Diese beiden Sorten sollen unbedingt für sich allein eingemaischt und gebrannt werden.
Auch bei den Birnen gilt, daß Frühsorten nicht so gut zum Brennen geeignet sind (weniger Zucker und Aroma).
Bezüglich Nachreifen und Lagern gilt dasselbe wie beim Apfel. Eine Lagerung vor dem Einmaischen ist besonders bei den gerbstoffreichen Mostbirnen notwendig, damit sich der Gerbstoff etwas abbaut (kann gärungshemmend wirken).

2.4 Steinobst

2.4.1 Kirschen

Sie ergeben einen ausgezeichneten Branntwein, welcher die Bezeichnung „Kirschwasser" führt. Der Zuckergehalt der Kirschen schwankt zwischen 9 und 18% und beträgt im Durchschnitt 10 bis 12%. Besonders gutes Kirschwasser gibt es von den Vogelkirschen (Wildkirschen) ab. Das Pflücken ist sicher sehr mühselig, aber es lohnt sich für diese Spezialität. Von den Edelsorten eignen sich wieder Spätsorten besser. Auch Weichseln sind für die Brennerei geeignet. Ihr Zuckergehalt ist mindestens so hoch wie bei den Süßkirschen, wenn nicht höher. Sie haben nur einen wesentlich höheren Säuregehalt. Beim Brennen kann es bei einwandigen Kesseln zu Schwierigkeiten kommen, da die Kerne leicht anbrennen.

2.4.2 Zwetschken

Den besten Zwetschkenbranntwein liefert die sogenannte Hauszwetschke. Wenn sie gut ausreift, erreicht sie einen hohen Zuckergehalt, der bis zu 15%

betragen kann. Eine genaue Trennung zwischen Pflaumen und Zwetschken ist schwer möglich. Grundsätzlich zählt man zu den Zwetschken die kleineren, beiderseitig spitz zulaufenden Früchte. Die Zwetschken sollen zur vollen Zucker- und Aromabildung so lange wie möglich auf dem Baum bleiben. Die Früchte können ruhig etwas zu schrumpfen beginnen.

2.4.3 Pflaumen

Die Früchte sind mehr abgerundet und haben einen geringeren Zuckergehalt. Es ist auch der Ausbeutesatz des Finanzamtes bei Pflaumen niedriger als bei Zwetschken und auch die Qualität (Geschmack, Aroma) des gewonnenen Branntweines etwas geringer.

2.4.4 Mirabellen

Die Mirabellen sind eine gelbe, runde, etwas kirschgroße Pflaumenart. Der Geschmack ist sehr angenehm und süß. Der hohe Zuckergehalt (bis 15%) ergibt eine gute Schnapsausbeute. Der Mirabellenbranntwein, auch Mirabellengeist genannt, ist ein ausgezeichneter und aromatischer Schnaps.

2.4.5 Pfirsiche und Marillen

Da es sich hier um wertvolle Tafel-, Marmelade- und Konservierungsfrüchte handelt, kommt im allgemeinen nur Ausschußware in den Brennkessel. Das typische Fruchtaroma geht leider bei der Gärung vielfach stark verloren.
Marillen nach der Gärung rasch abbrennen – sonst Aromaverluste, Zuckergehalt bis 10%!

2.5 Beerenfrüchte

2.5.1 Schwarzer Holunder

Der Zuckergehalt der Holunderbeeren beträgt durchschnittlich 4–5%. Die Ausbeute ist daher eher gering. Beim Brennen ist zu beachten, daß die Maische gern überschäumt. Der Holunderschnaps hat einen typischen Geschmack und gilt als Spezialität.

2.5.2 Ebereschen (Faulbeeren, Vogelbeeren)

Die wilde Eberesche, welche in der Natur häufig anzutreffen ist, hat einen geringen Zuckergehalt. Einen wesentlich höheren Zuckergehalt hat die veredelte oder mährische Eberesche.

Eberesche – eine schöne und wertvolle Frucht

Der echte, reine Ebereschenschnaps ist fast eine Seltenheit. Gute Qualitäten sind im Geschmack und im Aroma hervorragend und finden guten Absatz. Im Volksmund wird ihm auch ein großer gesundheitlicher Wert nachgesagt. Die Ernte und Aufarbeitung zur Maische ist sehr arbeitsaufwendig und die Ausbeute eher gering. Der Preis ist daher auch 3- bis 4mal so hoch wie der eines normalen Obstlers. Der Zuckergehalt beträgt 4 bis 8%.

Jeder Gartenbesitzer sollte mindestens einen Ebereschenbaum in seinem Garten haben.

2.5.3 Wacholderbeeren

Es sind dies die Früchte des Wacholderstrauches. Sie kommen meistens getrocknet in den Handel. Der Zuckergehalt ist sehr hoch und beträgt bei Trockenfrüchten 20 bis 30%. Daneben enthalten sie viel Harz und ätherische Öle, welche dem Wacholderbranntwein den eigenartigen Geruch und Geschmack verleihen. Reiner Wacholderschnaps wird heute kaum mehr getrunken. Meistens wird er mit einem neutralen Schnaps stark verschnitten.

2.5.4 Himbeeren

Himbeeren verlieren leider beim Brennen einen Großteil ihres feinen Aromas. Da sie sehr leicht schimmeln, ist eine rasche Verarbeitung notwendig. Der

Zuckergehalt ist sehr schwankend und beträgt je nach Sorte und Reifezustand 4 bis 7%. Da zur Verwertung nicht die besten Früchte verwendet werden (Preisfrage), ist eher der untere Wert anzutreffen.
Nach der Gärung rasch abbrennen, damit das Himbeeraroma erhalten bleibt.

2.6 Wurzeln

2.6.1 Enzian

Der in den Alpenländern vorkommende Enzian bildet große Wurzelstöcke. Für die Brennerei werden die Wurzeln folgender Enzianarten verwendet:

Gelber Enzian – Gentiana lutea
Punktierter Enzian – Gentiana punctata L.
Rotblühender Enzian – Gentiana purpurea
Pannonischer oder Ungarischer Enzian – Gentiana pannonica L.

Wenn jemand die Wurzeln selbst graben möchte, muß er die Naturschutzbestimmungen beachten. In vielen Gebieten stehen diese Enzianarten unter Naturschutz. Eine Grabgenehmigung kann von der zuständigen Behörde (Bezirkshauptmannschaft) ausgestellt werden.
Die Wurzeln können frisch oder getrocknet verwendet werden. Der Zuckergehalt der Frischware beträgt etwa 7 bis 16%. Bei Trockenware kann der Zuckergehalt bis 30% ansteigen. Das Wesentliche sind aber die Bitterstoffe, welche dem Enzianbranntwein den charakteristischen Geschmack verleihen.

2.6.2 Meisterwurz (Kaiserwurz) = Imperatoria struthium L.

Es ist eine wildwachsende Gebirgspflanze, welche zur Familie der Doldenblütler gehört. Zum Brennen wird die Wurzel verwendet. Der Schnaps soll eine gute Wirkung bei Magenverstimmung haben. Er hat ein feines Aroma und wird heute vielfach dem Enzianschnaps vorgezogen.
Die Wurzeln können frisch oder getrocknet verwendet werden. Wer selbst graben möchte, muß wieder die Naturschutzbestimmungen beachten (Grabegenehmigung der Bezirkshauptmannschaft).

2.7 Weine und Rückstände

2.7.1 Traubenwein

Der Alkoholgehalt beträgt im allgemeinen zwischen 9 und 12 Vol.-%. Wein ist zum Brennen sehr gut geeignet. Der gewonnene Branntwein aus Traubenmaische oder Traubenwein wird als „Weinbrand“ bezeichnet.
Wie weit nun Wein gebrannt wird, ist meistens eine Kalkulationsfrage. Gute Weine bringen über den Direktverkauf sicher einen besseren Erlös.
Wein aus Direktgärten und verschiedene Weinreste können vorteilhaft über die Brennerei verwertet werden.

2.7.2 Obstwein oder Most

Im allgemeinen werden die ganzen Früchte eingemaischt und gebrannt. Das Kernobst (Äpfel und Birnen) kann aber vorher gepreßt und der Saft zu Obstwein vergoren werden. Das Brennen selbst ist beim Obstwein sicher etwas einfacher, besonders bei einwandigen Brennkesseln. Der Schnaps hat aber auch einen anderen Geschmack.
In Frankreich wird der bekannte Calvados aus Obstwein erzeugt. Das reife, saubere Obst wird gepreßt, der Saft durch ein Tuch geseiht und in das gereinigte Faß gegeben. Pro Hektoliter ½ Kaliumpyrosulfit-Tablette (in Wasser auflösen) und Reinzuchthefe in einer Menge von 1 l Anstellmost pro Hektoliter (oder Trockenhefe lt. Gebrauchsanweisung) dazugeben. Ein Zehntel des Faßinhaltes bleibt als Gärraum frei. Das Faß wird mit einem Gärspund verschlossen. Bei einer Temperatur von 18° C ist nach drei Wochen die Gärung beendet. Bezüglich Brennen von Most sind die finanzrechtlichen Bestimmungen zu beachten.
Der Alkoholgehalt hängt von der Obstqualität ab und beträgt durchschnittlich 6%. Der Most eignet sich besonders zum Brennen in einwandigen Brennkesseln, da er nicht anbrennen kann.
Wenn man zum Brennen fehlerhafte und kranke Obstweine verwendet, muß man natürlich mit einer schlechten Schnapsqualität rechnen. Besonders schlecht sind essigstichige Obstweine, denn die Essigsäure geht mit dem Alkohol über und befindet sich dann im Schnaps. Solcher Most muß vorher entsäuert werden, oder man verarbeitet ihn gleich zu Essig weiter.

2.7.3 Geläger von Obst- und Traubenweinen

Es ist dies der Gärungsrückstand, welcher aus abgestorbener Hefe, Schmutz und etwas Wein besteht. Nur frisch verwenden, solange die Hefe nicht in Fäulnis übergegangen ist.
Das Geläger schäumt beim Brennen sehr stark und geht leicht in den Kühler über, daher Vorsicht beim Brennen! Es gehen auch bestimmte Geruchs- und Geschmacksstoffe über. Es ist daher besser, das Geläger in dichte Säcke zu füllen, abzupressen und den gewonnenen Saft zum Brennen zu verwenden.

2.7.4 Obst- oder Weintrester

Sie können vergoren und dann gebrannt werden. Die Ausbeute bei Obsttrestern beträgt ca. 1½ bis 2 l Schnaps pro 100 kg Trester. Bei Weintrestern hängt die Ausbeute von der vorherigen Auslaugung der Trester ab.

3. Voraussichtliche Alkoholausbeute

Vor dem Einmaischen sollte man sich einen Überblick über die zu erwartende Alkoholausbeute verschaffen. Man kann dadurch eine entsprechende Obstauswahl treffen.
Im Saft der Früchte bilden die gelösten Stoffe den „Extrakt". Aus dem Extraktgehalt kann nun auf den Zuckergehalt geschlossen werden.

3.1 Geräte zur Extraktbestimmung

In Kleinbrennereien verwendet man dazu das Saccharometer (nach Brix, nach Plato), die Öchslewaage und das Handrefraktometer.

3.1.1 Saccharometer

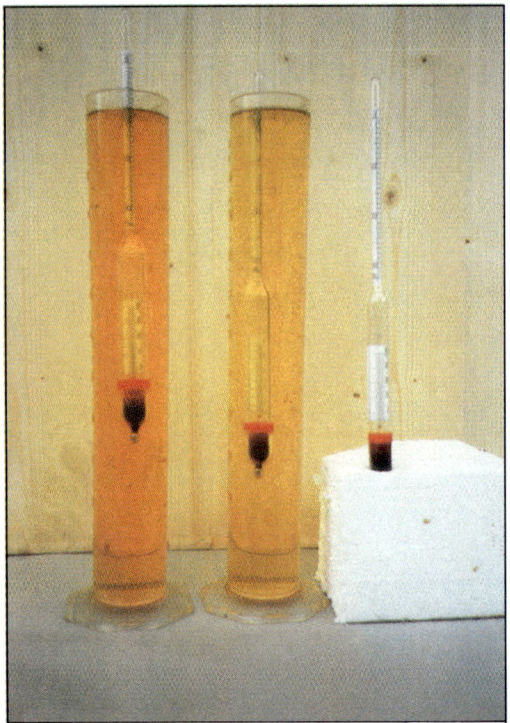

Saccharometer mit Thermometer, Mitte – Spindel sinkt weit ein, vergoren; links – unvergoren, Spindel teilweise eingetaucht

Es ist dies eine Senkwaage (Aräometer), welche in einer Wasser-Zucker-Lösung bei einer bestimmten Temperatur (normal 20° C) geeicht wurde. Die Eichtemperatur ist auf dem Saccharometer angegeben, und der zu messende Saft soll diese Temperatur haben, da ansonsten die Werte nicht stimmen. Weil der Extrakt hauptsächlich aus Zucker besteht, wird der gemessene Wert oft als %-Zuckergehalt angegeben, was für die Ausbeuteberechnung aber zu ungenau ist. Es müssen unbedingt die Nichtzuckerstoffe berücksichtigt werden.

Arbeitsweise:

* Verwende ein Saccharometer mit eingebautem Thermometer!
* Das Saccharometer und der Meßzylinder müssen sauber und fettfrei sein.

* Der Meßzylinder darf nicht zu eng sein, damit sich das Saccharometer frei bewegen kann.
* Die zu messende Flüssigkeit muß frei von Feststoffen sein.
* Die Safttemperatur muß mit der Eichtemperatur übereinstimmen (sonst Korrektur).
* Wenn sich Luftbläschen am Saccharometer befinden, nochmals herausnehmen und erneut vorsichtig eintauchen.
* Für die Ablesung gibt es zwei Möglichkeiten. Wenn am Saccharometer nichts angegeben ist, so erfolgt „Ablesung unten". Bei Ablesung oben" muß dies angeschrieben sein (siehe Abbildung).
* Größere Temperaturschwankungen müssen berücksichtigt werden. Pro Grad Übertemperatur werden 0,06% zugezählt. Pro Grad Untertemperatur werden 0,06% abgezogen.

Refraktometer

3.1.2 Öchsle-Waage (auch Mostwaage genannt)

Diese Senkwaage ist auf das Dichteverhältnis einer Flüssigkeit bezogen. Je mehr Stoffe in einer Flüssigkeit gelöst sind, desto höher ist ihre Dichte. Die Arbeitsweise ist gleich wie beim Saccharometer.

Temperaturkorrektur:
Bei Übertemperatur werden 0,02° pro Temp.° zugezählt.
Bei Untertemperatur werden 0,02° pro Temp.° abgezogen.

Umrechnung auf Saccharometerprozente:

$$\frac{\text{Öchslegrade}}{4} = \text{Saccharometerprozente}$$

3.1.3 Refraktometer

Die Messung mit dem Refraktometer ist eine optische Methode. Man benötigt nur einige Tropfen Saft, welche frei von Feststoffen sein müssen. Um einen guten Durchschnitt zu erhalten, sollten mehrere Messungen durchgeführt werden. Die Messung hat nach Gebrauchsanleitung zu erfolgen.

3.2 Berechnung des Zuckergehaltes des Obstsaftes

Der mit dem Saccharometer oder Refraktometer gewonnene Wert ergibt den Extraktgehalt. Nach Abzug der Nichtzuckerstoffe erhält man den ungefähren Zuckergehalt.

Tab.: Annähernde Werte der Nichtzuckerstoffe	
Obstart	**Nichtzuckerstoffgehalte (Nz) der Säfte**
Äpfel	2,5%
Birnen	3,5%
Brombeeren	3,5%
Erdbeeren	3,5%
Heidelberen	3,5%
Himbeeren	3,5%
Johannisbeeren	3,5%
Stachelbeeren	3,5%
Zwetschken	4,0%
Kirschen	5,0%
Eberesche	7,0%

Es sind dies Mittelwerte. Innerhalb einer Obstart gibt es noch von Sorte zu Sorte und Reifegrad Unterschiede.

$$\% \text{ Zucker} = \% \text{ Extrakt} - \text{Nichtzuckerstoffe} = \% \text{ E} - \text{Nz}$$

$$\% \text{ Zucker} = \frac{°\text{Öchsle}}{4} - \text{Nz}$$

Beispiel:
Ein Apfelsaft hat 44° Öchsle- bzw. 11 Gew.% E, die Nz betragen 2,5%

$$\% \text{ Zucker im Saft} = \frac{44}{4} - 2{,}5 = 8{,}5$$

Diesen Zuckergehalt besitzt der Saft. In der Maische ist der Zuckergehalt etwas geringer, da die festen Bestandteile (Trestern) keinen Zucker enthalten.

3.3 Berechnung des Zuckergehaltes der Maische

Es muß der Tresteranteil der Maische berücksichtigt werden.

Tab.: Geschätzte Tresteranteile

Maischematerial	Trestergehalt (Tg) (geschätzt)	Tresterfaktor T ($T = 1 - \frac{Tg}{100}$)
Äpfel	6– 8%	0,94–0,92
Birnen	8–10%	0,92–0,90
Zwetschken	11–12%	0,89–0,88
Kirschen	15%	0,85

Bei gut entwickelten und ausgereiften Früchten ist der untere Wert zu nehmen.
Beispiel:
Gut ausgereifte Äpfel werden eingemaischt. Der Extraktgehalt im Saft beträgt 11%.
% Zucker im Saft = 11 – 2,5 = 8,5
% Zucker in der Maische = 8,5 × 0,94 = 7,99 (8)

3.4 Ermittlung der voraussichtlichen Alkoholausbeute

Aus 100 kg Zucker entstehen theoretisch 64,5 Liter Alkohol. In der Praxis der kleinen Brennereien rechnet man mit 50 Liter (Faktor 0,5), da bei der Verarbeitung Verluste auftreten.
Alkoholausbeute pro 100 l Maische = Zuckergehalt × 0,5

Zusammengefaßte Berechnungsformel

Liter reiner Alkohol pro 100 Liter Maische =
(% Extrakt – Nichtzuckerstoffe) × Alkoholfaktor × Tresterfaktor
l r A/100 lM = (% E – Nz) x 0,5 x T

Beispiel

Apfelmaische mit 11% Extrakt
l r A/100 lM = (11 – 2,5) × 0,5 × 0,94 = 3,99
Aus dieser Maische müßte man 4(3,99) l Alkohol gewinnen können.

Die errechnete Alkoholausbeute ist ein Richtwert. Wenn die echte Alkoholausbeute stark nach unten abweicht, ist die Ursache zu suchen (Gärung steckengeblieben, Fehlgärung, falsche Messungen für die Berechnung usw.). Der Vorlauf ist natürlich in der errechneten Alkoholausbeute enthalten. Überschlagsmäßig kann man pro Zuckerprozent in hl mit einem Liter 50%igen Schnaps rechnen.

4. Gärbehälter und ihre Pflege

Als Gärbehälter können die verschiedensten Gefäße verwendet werden, wenn sie bestimmte Bedingungen erfüllen. Sie müssen gut zu reinigen bzw. sauber sein, denn jede Verschmutzung kann zur Beeinträchtigung der Maische führen. Weiters sollen sie eine genügend große Öffnung zum Einfüllen und zur Entnahme der Maische besitzen. Eine größere Öffnung ist auch für die Reinigung vorteilhaft.
Das Faßmaterial muß so beschaffen sein, daß es nicht von der Maische angegriffen bzw. die Maische geschmacklich nicht beeinflußt wird und daß keine schädlichen Stoffe in die Maische gelangen.

Gärbehälter für Maische mit vorschriftsmäßiger Kennzeichnung (Faßnummer mit römischen Ziffern und Faßinhalt mit arabischen Ziffern)

Diese Forderungen erfüllen besonders Holz- und Kunststoffbehälter. Es sind aber auch Betonbehälter, welche innen verglast oder mit einem Schutzanstrich versehen sind, gut geeignet. Betonbehälter sind besonders dort am Platz, wo große gleichartige Maischemengen anfallen.
Wichtig ist, daß die Maische niemals für längere Zeit mit blanken Metallteilen (besonders Eisen und Aluminium) in Berührung kommt. Die Fruchtsäure greift die Metallteile teilweise an, und es kann wieder zu fehlerhaften Bränden kommen.

4.1 Gärbehälter

4.1.1 Holz

Neue Fässer sind im allgemeinen preislich zu hoch. Man verwendet daher gebrauchte Weinfässer aus Eichenholz oder auch anderen Holzarten, welche aber weniger haltbar sind. Große Fässer haben bereits ein Türchen. Bei kleineren Fässern kann man leicht selbst ein Türchen ausschneiden. Das Ausschneiden hat so zu erfolgen, daß das herausgeschnittene Brett gleich als Türchen verwendet werden kann, indem man einen Griff anbringt.
Für kleinere Maischemengen eigenen sich auch gut die Fruchtfässer der Marmeladefabriken. Man kann sie meistens recht günstig kaufen, da sie die Marmeladenfabriken nicht mehr weiterverwenden können.
Sehr günstig sind auch Gärbottiche oder Gärständer mit Türchen.

4.1.2 Kunststoff

Sie bestehen aus verschiedenen Kunststoffarten, sowie mit und ohne Glasfaserverstärkung.
Sie müssen lebensmittelecht, alkoholbeständig und für Maische geeignet sein. Fässer mit genügend großer Öffnung eignen sich sehr gut und sind in der Pflege sehr einfach. Man bekommt auch hier gebrauchte Fässer zu kaufen (z. B. in Marmeladefabriken). Beim Kauf ist zu beachten, daß die Fässer nach der Reinigung keinen störenden Fremdgeruch (vom früheren Füllgut) haben. Es würden diese Geruchsstoffe in die Maische und letztlich in den Branntwein übergehen.

4.1.3 Beton

Diese Fässer eignen sich besonders gut für größere Maischemengen.
Der Beton muß mit einem alkoholunlöslichen Schutz (Lack, Glas) überzogen bzw. verkleidet werden. Es dürfen natürlich auch vom Innenanstrich keinerlei Geruchs- oder Geschmacksstoffe an die Maische abgegeben werden. In besonderen Fällen soll man sich mit einer verläßlichen Firma in Verbindung setzen.

Kunststoffässer mit verschiedenen Verschlüssen
Von links: Steckdeckel, Schraubdeckel, Stülpdeckel, Stülpdeckel mit Stahlhand

4.1.4 Metallbehälter

a) Aus säurefestem Edelstahl (z. B. V2A, V4A). Sie benötigen keine Auskleidung, sind aber sehr teuer.
b) Aus Aluminium – nur mit Innenauskleidung zu verwenden. Die Auskleidung muß natürlich auch lebensmittelecht, säurefest und alkoholbeständig sein.

4.2 Reinigung der Fässer

Kunststoff- und Betonbehälter lassen sich infolge ihrer glatten Oberfläche leicht reinigen. Lauwarmes Wasser und eine weiche Bürste genügen. Stark verschmutzte Behälter sind mit Wasser zu füllen und nach einigen Tagen zu reinigen. Alle Gärbehälter mit irgendeinem Innenbelag sind so zu reinigen, daß der Belag nicht beschädigt wird. Die verschiedenen Firmen solcher Anstriche geben Gebrauchsanleitungen für die Reinigung.
Holzfässer, welche gesund sind, das heißt frei von Schimmel und Essigstich,

und keinen Innenanstrich haben, werden bei leichter Verschmutzung mit kaltem oder lauwarmem Wasser gut ausgespült und mit einer harten Bürste ausgebürstet, so lange, bis kein Schmutzwasser mehr abfließt.
Stark verunreinigte Fässer werden wie folgt gewaschen:
1. Kalt auswaschen, eventuell das Wasser einige Tage stehenlassen, mit harter Bürste bürsten;
2. mit heißer 2%iger Sodalösung oder einem anderen wirksamen Reinigungsmittel ausbürsten;
3. mit heißem Wasser ausspülen;
4. mit kaltem Wasser nachspülen, bis dieses klar, geruch- und geschmacklos abläuft.

Wichtig ist es, die Fässer zuerst mit kaltem Wasser zu waschen. Heißes Wasser würde die Poren öffnen, und unerwünschte Stoffe könnten in die Poren eindringen. Diese Stoffe würden dann bei der Gärung ausgelaugt. Beim Spülen und Waschen mit heißem Wasser ist das Spundloch oder Türchen offenzuhalten und soll vom Gesicht abgewendet sein (Verletzungsgefahr).

4.3 Kranke Fässer

Bei schlechter Reinigung und Aufbewahrung können Holzfässer schimmelig oder auch essigstichig werden. Eine Verwendung solcher Fässer würde sich auf die Schnapsqualität ungünstig auswirken. Sie müssen daher vor der Verwendung besonders gereinigt werden.

4.3.1 Schimmelige Fässer

Wenn die Fässer falsch gelagert oder nicht eingeschwefelt werden, kann sich im Innern ein Schimmelbelag bilden. Soweit es sich um ein geschlossenes Faß handelt, muß dieses unbedingt aufgemacht werden. Zuerst muß nun der Schimmel mit einer harten Bürste **trocken** abgebürstet werden, anschließend mit kaltem Wasser und dann erst mit heißem Wasser und Soda reinigen. Die Einhaltung dieser Reihenfolge ist besonders wichtig, weil ansonsten der Schimmelgeschmack zu tief in die Poren eindringen kann. Wenn es sich um billige Fässer handelt, ist es bei starker Verschimmelung günstiger, sie zu Brennholz zu verarbeiten.

4.3.2 Essigstichige Fässer

In schlecht gelagerter Maische verwandeln bei Luftzutritt die Essigsäurebakterien den Alkohol in Essigsäure. Die Essigsäure geht mit dem Alkohol in den Schnaps über. Solche Fässer müssen auch besonders behandelt werden. Auswaschen allein hilft nicht, da die Essigsäurebakterien sich teilweise in den Holzporen befinden. Nach der normalen Reinigung soll man solche Fässer ausdämpfen, bis die Außenwand des Fasses heiß wird. Das Spundloch oder Türchen soll nach unten liegen, damit das Kondenswasser ablaufen kann. Die weitere Behandlung erfolgt dann wie bei gesunden Fässern.

4.4 Behandlung leerer Fässer – Faßkonservierung

Nach Entleerung der Maische sofort reinigen wie beschrieben. So aufstellen, daß das ganze Restwasser ablaufen kann und an einem schattigen Ort einige Tage trocknen lassen.
Kunststoffässer werden dann unverschlossen bis zum nächsten Gebrauch aufbewahrt. Beton- und Holzfässer mit Innenbeschichtung brauchen auch nach der Reinigung keine weitere Pflege mehr.
Holzbottische und Holzfässer mit Deckel können auch offen an einem luftigen Oft aufbewahrt werden. Holzfässer mit Türchen sollen unbedingt geschwefelt werden, damit sie bis zum nächsten Gebrauch gesund bleiben. Man verwendet dazu Asbestschwefelschnitten, denn nur bei diesen verbrennt der Schwefel, ohne abzutropfen, und der Asbest selbst gibt keinen störenden Geruch ab. Bei Schwefel auf Jute entsteht durch das Verbrennen ein übler Geruch von der Jute. Man verwendet für kleinere Fässer 1 Schnitte/Hektoliter und für größere 1½ Schnitten/Hektoliter Faßinhalt. Das Einschwefeln soll dann alle 8 bis 10 Wochen mit der halben Menge wiederholt werden.

Vorgang
Am Faßtürchen wird ein Draht befestigt. An diesem Draht werden die notwendigen Schwefelschnitten locker aufgehängt. Nach dem Anzünden der Schwefelschnitten werden diese in das Faß eingeführt, wobei das Türchen sofort fest aufgesetzt wird. Die Schwefelschnitten sollen im verschlossenen Faß verbrennen (Sauerstoffentzug).
Durch das öftere Einschwefeln (auch Einbrennen genannt) sammelt sich im

Faß wird zum Nachschwefeln geöffnet. Man sieht die brennende Schwefelschnitte am Türchen hängen.

Faßholz eine größere Menge Schwefelsäure, welche durch Verbindung der Schwefeligen Säure mit Sauerstoff entsteht. Bevor das Faß wieder verwendet wird, muß die Schwefelsäure entfernt werden. Man füllt das Faß mit reinem Wasser und läßt es einige Tage stehen. Nach dem Entleeren mit reinem Wasser nachspülen.

Bei den Holzfässern ist auch eine sogenannte Naßkonservierung möglich. Die Fässer werden mit reinem Wasser fast vollgefüllt. Nun gibt man pro 100 l Faßinhalt 1 Liter 5%ige Schwefelige Säure (im Handel erhältlich) dazu. Anschließend wird mit Wasser vollgefüllt und das Faß verschlossen. Infolge Verdunstung muß fallweise mit reinem Wasser nachgefüllt werden. Diese Füllung konserviert 1 bis 1½ Jahre, das heißt, man hat mit der Faßplege sehr wenig Arbeit.

4.5 Inhaltsbestimmung von Gärbehältern

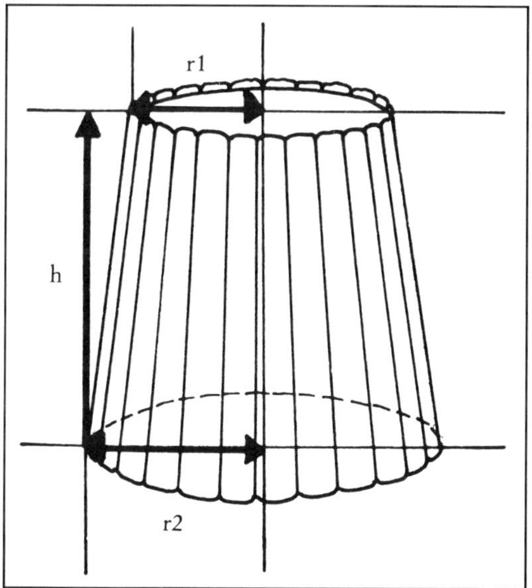

Bottichmaße

Der Inhalt der Gärbehälter ist für die Anmeldung der Maische bei der Steueraufsichtsbehörde notwendig.

Soweit keine geeichten Fässer zur Verfügung stehen, ist vor dem Einmaischen eine Inhaltsbestimmung bzw. Inhaltsberechnung notwendig. Der ermittelte Inhalt wird dann gleich deutlich am Gärbehälter angeschrieben (mit Ölfarbe).

Der Inhalt kann auf verschiedene Arten bestimmt werden.

4.5.1 Auswiegen

Soweit eine geeignete Waage zur Verfügung steht, ist dies eine einfache Methode der Inhaltsbestimmung.

Vorgang: a) Leerfaß wiegen,
b) mit Wasser füllen und wiegen;
da 1 l Wasser rund 1 kg wiegt, erhält man den Inhalt nach Abzug des Leerfaßgewichtes.

Beispiel

gefülltes Faß	236 kg
leeres Faß	– 46 kg
Inhalt	190 l

4.5.2 Auslitern

Kleinere Fässer, besonders wenn sie kein normales Maß haben, litert man am besten aus. Man nimmt eine geeichte Milchkanne oder ein anderes Gefäß, dessen Inhalt bekannt ist, und füllt den Gärbehälter, addiert die Wassermenge und hat damit den Inhalt.

4.5.3 Inhaltsberechnung bei Bottichen

Die Berechnung erfolgt nach der Formel: Inhalt $= r^2 \times \pi \times h$
h = die Höhe des Bottichs innen
π = eine Konstante von 3,14

$$r = \frac{r_1 + r_2}{2}$$

wobei r_1 der halbe Durchmesser des oberen Bodens und r_2 der halbe Durchmesser des unteren Bodens ist.

Beispiel
Beim Bottich mit nachstehender Abmessung soll der Inhalt berechnet werden.
Oberer Bodendurchmesser = 72 cm, r_1 = 36 cm,
Unterer Bodendurchmesser = 80 cm, r_2 = 40 cm, innere Höhe = 75 cm;

$$r = \frac{r_1 + r_2}{2} = \frac{40 + 36}{2} = 38 \text{ cm}$$

Der Inhalt $= 38^2 \times 3{,}14 \times 75 = 340{,}062 \text{ cm}^3 = 340$ l.
Der Inhalt beträgt daher 340 l.

5. Die alkoholische Gärung

Der Vorgang der Gärung, wie er sich im frischen Trauben- und Fruchtsaft abspielt, war schon den ältesten Völkern bekannt. Über die Umsetzungen, die bei der Gärung vor sich gehen sowie über ihre Ursachen und Erreger hatte man bis ins 19. Jahrhundert nur unklare Vorstellungen. Vor rund 130 Jahren wurde als Gärungserreger die Hefe entdeckt.

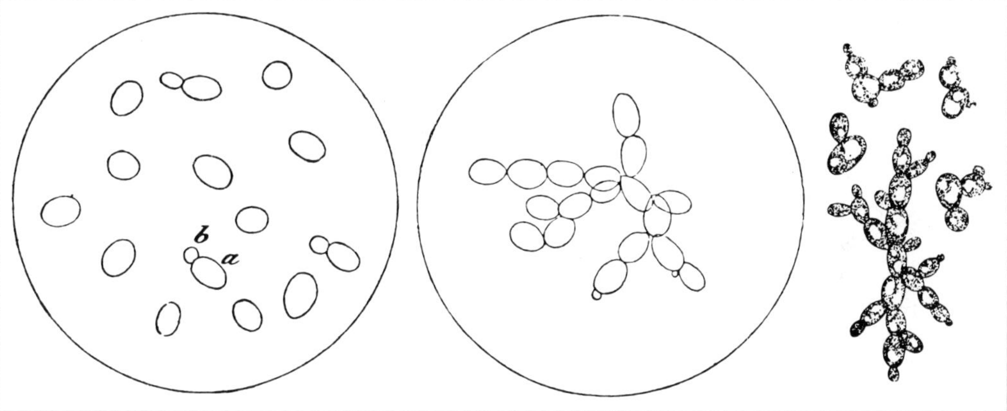

1. Hefezellen
a) Mutterzelle, b) Sproß

2. Hefe-Sproßverband

3. Sprossende Hefe (aus H. Walter, Grundlagen des Pflanzenlebens)

5.1 Erreger der Gärung

5.4.1 Echte Hefen

Sie sind einzellige Kleinlebewesen, die zur Gruppe der Pilze gehören. Ihr Durchmesser beträgt 0,004 bis 0,014 mm. Nach der Entdeckung der Hefe fand man bald heraus, daß zwischen Hefe und Hefe Unterschiede bestehen und die einzelnen Hefestämme sich in ihrer Gärkraft und anderen Eigenschaften recht verschieden verhalten. In langwieriger Kleinarbeit wurden aus einzelnen Hefezellen Reinkulturen gezüchtet und ihr Gärvermögen genau untersucht. Die besten Stämme werden heute als Reinzuchthefe oder Reinhefe in den Handel gebracht. Es gibt spezielle Reinzuchthefen für Birnenwein, Traubenwein, Beerenwein, Most, Maische usw.

5.1.2 Aufgabe der Reinzuchthefe

Sie hat den gesamten Zucker in Alkohol zu verwandeln, gute Geschmacks- und Aromastoffe zu bilden, die Alkoholbildung rasch zu vollziehen und keine störenden Nebenprodukte zu bilden. Es gibt auch spezielle Rassen, wie zum Beispiel Kaltgärhefen, die bis zu 5° C herab arbeitsfähig sind.
Es ist aber zu beachten, daß diese Kaltgärhefen bei niederen Temperaturen viel langsamer arbeiten, das heißt, die volle Vergärung der Maische dauert wesentlich länger. Man soll daher nach Möglichkeit auch bei Kaltgärhefen eine Gärtemperatur von 15 bis 18° C einhalten, damit die Gärung flott vor sich geht.

5.2 Andere Gärungserreger

Es sind dies andere Hefearten wie Apiculatushefe und Kahmhefe. Diese bilden wenig Alkohol und zerstören zusätzlich wertvolle Bestandteile der Maische. Die Kahmhefe bildet bei Luftzutritt an der Oberfläche der Maische und des Weines oft dichte, grauweiße, runzelige Häute. Das Gärprodukt (Wein, Maische) verliert dabei an Qualität. Diese Gärungserreger sind nicht erwünscht und müssen durch richtige Gärführung (Zusatz von Reinzuchthefe, guter Faßverschluß) in ihrer Entwicklung unterdrückt werden.

5.3 Vorkommen der Hefen

Überall in der Natur, auf allen Früchten wie Äpfel, Birnen, Beerenobst usw. Neben den echten Hefen sind auch Kahmhefen, Bakterien, Schimmelpilze und andere Mikroorganismen vorhanden. Durch Zusatz von Reinhefe werden die vielen unerwünschten Kleinlebewesen, welche sich auch in der Maische befinden, in ihrer Entwicklung gehemmt. Es ist auch zu beachten, daß das Vorkommen der Wildhefe in der Natur auch stark von der Witterung abhängig ist. Bei naßkalter Herbstwitterung ist der Hefebesatz der Früchte viel geringer, und es kann ohne Zusatz von Reinhefe sich die Gärung verzögern.

5.4 Gärungsvorgang

Bei einer Temperatur um 20° C vermehrt sich die Hefe sehr rasch. Die Hefe erzeugt ein Ferment namens „Zymase". Diese Zymase spaltet den vorhandenen Frucht- und Traubenzucker hauptsächlich in Alkohol und Kohlendioxyd. Daneben werden noch andere Stoffe gebildet.

5.5 Gärungsgleichung

$C_6H_{12}O_6$	→	2 C_2H_5OH	+	2 CO_2
Traubenzucker Fruchtzucker		Trinkalkohol Äthylalkohol		Kohlendioxyd
100 g	→	51 g		49 g

Die Gärung soll möglichst ohne Luftzutritt erfolgen. Die Hefe kann ihren Sauerstoffbedarf auf andere Weise decken. Alle unerwünschten Kleinlebewesen, die zur Entwicklung den Luftsauerstoff benötigen, können dadurch in ihrer Entwicklung gehemmt werden. Der von der Hefe gebildete Alkohol hemmt auch sehr stark die verschiedenen Kleinlebewesen, welche die gärende Maische ungünstig beeinflussen. Aus diesem Grund ist ein rascher Gärbeginn sehr wichtig. Ab einer bestimmten Konzentration ist der Alkohol auch für die echte Hefe nicht mehr verträglich. Im allgemeinen hört die Tätigkeit der Hefe bei einem Alkoholgehalt von 14 bis 15% auf. Mit speziellen Heferassen wurde ein Alkoholgehalt von 18% erreicht.

5.6 Gärungserzeugnisse

5.6.1 Alkohol

Das wichtigste Erzeugnis der Gärung ist der Trinkalkohol (Äthylalkohol, Weingeist). Die Menge hängt vom Zuckergehalt der Gärflüssigkeit beziehungsweise Maische ab. Er ist leichter als Wasser (1 l wiegt 79 dag) und siedet bei 78° C. Neben dem Trinkalkohol entstehen noch sogenannte **„höhere Alkohole"**, welche auch **Fuselöle** genannt werden. Diese Fuselöle sind minderwertig, haben einen schlechten Geschmack und können Kopfschmerzen und Übelkeit hervorrufen. Ein schlechter Schnaps wird daher auch als „Fusel“ bezeichnet.

5.6.2 Glycerin

Ist eine ölige, süß schmeckende Flüssigkeit. In 1 l Wein sind ca. 6 bis 9 g Glycerin enthalten. Das Glycerin in Wein und in der Maische ist erwünscht, weil dadurch der Wein vollmundiger wird. Beim Schnapsbrennen geht Glycerin nicht in den Branntwein über.

5.6.3 Kohlendioxyd

Es entsteht in großen Mengen. Es ist schwerer als Luft und wirkt erstickend. In Gärkellern muß man für eine entsprechende Lüftung sorgen, damit die Gärgase abtransportiert werden. Beim Betreten eines Gärkellers soll man immer eine brennende Kerze mitnehmen und in Arbeitshöhe aufstellen. Wenn die Kerze schlecht brennt oder gar erlischt (ohne Zugluft), hat man den Keller sofort zu verlassen (Erstickungsgefahr)!

5.6.4 Geruchs- und Aromastoffe

Zusätzlich zu den furchteigenen Geruchs- und Aromastoffen erzeugen gute Heferassen neue gute Geruchs- und Aromastoffe, welche für eine gute Schnapsqualität unerläßlich sind. Bei einer schlechten Gärführung können sich diese Stoffe nicht in ausreichender Menge und Qualität bilden.

5.6.4 Unerwünschte Stoffe

Höhere Alkohole oder Fuselöle, schlechte Geruchs- und Geschmacksstoffe, Essigsäure usw. bilden sich in geringen Mengen auch bei guter Gärführung. Diese Stoffe nehmen aber bei schlechtem Ausgangsprodukt und schlechter Gärführung rasch zu und geben dann natürlich eine schlechte Schnapsqualität.

5.7 Einfluß der Temperatur auf die Gärung

Bei der Gärung wird etwas Wärme frei, das heißt, daß sich der Inhalt bei größeren Fässern erwärmt. Die ideale Gärungstemperatur liegt bei 18 bis 20° C. Höhere Temeraturen bringen keine Vorteile. Bei 40° C stellt die Hefe die Gärtätigkeit ein, bei 60° C stirbt sie ab. Bei kleineren Obstmengen muß unbedingt beachtet werden, daß bereits beim Gärbeginn die Maischetemperatur mindestens 18° C beträgt.
Das Obst muß daher beim Einmaischen immer genügend warm sein (18 bis 20° C).
Kaltgärhefen gären wohl noch bei niedrigen Temperaturen (bis 5° C), doch arbeiten sie bei sinkender Temperatur immer langsamer. Im Hinblick auf eine flotte Vergärung ist auch bei der Kaltgärhefe eine Temperatur von 15 bis 18° C zu empfehlen.
Zu hohe Gärtemperaturen sind zu vermeiden. Es können dadurch Aroma- und Alkoholverluste auftreten.

6. Reinzuchthefe und ihre Anwendung

Neben der wilden Hefe befinden sich auf dem Obst auch viele andere Mikroorganismen (Kleinlebewesen). Diese können sich auch in der Maische vermehren und teilweise unerwünschte Stoffe bilden. Erst wenn sich die wilde Hefe entsprechend vermehrt und Alkohol und CO_2 gebildet hat, werden viele Mikroorganismen in ihrer Entwicklung gehemmt. Die bis jetzt gebildeten unerwünschten Stoffe, welche die Schnapsqualität beeinflussen, bleiben natürlich erhalten.
Wenn nun sofort beim Einmaischen Reinzuchthefe laut Gebrauchsanweisung dazugegeben wird, ist die Hefe sozusagen in der Übermacht, und die übrigen Mikroorganismen werden in ihrer Entwicklung sehr rasch gehemmt. Zusätzlich entsteht ein reineres Gärprodukt.

6.1 Bezug und Vermehrung der Reinzuchthefe

6.1.1 Trockenhefe

Reinzuchthefe wird durch ein spezielles Verfahren getrocknet und abgepackt. Es gibt verschiedene Packungsgrößen (z. B. 100 g, 500 g). Originalverpackte Hefe ist länger haltbar (Haltbarkeit ist auf der Packung angegeben). Trockenhefe kann direkt der Maische zugesetzt werden, oder man läßt sie zuerst ¼ Stunde anquellen. Die Anwendung soll jeweils nach der Gebrauchsanweisung erfolgen.

6.1.2 Flüssighefe

Bei Verwendung von Flüssighefe muß vorher ein Anstellmost bereitet werden. Man bestellt die Hefe ca. 14 Tage vor dem Einmaischen. Meistens ist eine Gebrauchsanleitung für die weitere Verarbeitung beigegeben. Trotzdem soll hier auch der weitere Verlauf kurz beschrieben werden.
Nach Erhalt der Hefe, das ist 8 bis 10 Tage vor dem Einmaischen, sammelt oder pflückt man einige Kilogramm reifes, sauberes und gesundes Obst (Äpfel oder Birnen). Man zerkleinert es und preßt sich 2 bis 3 l Saft aus (durch ein sauberes Tuch). Den Frischsaft erhitzt man in einem Edelstahl- oder Emailtopf auf Siedetemperatur, um alle Kleinlebewesen abzutöten. Man läßt dann den Saft zugedeckt abkühlen auf 20° C und füllt ihn in eine gut gereinigte Flasche. 20% des Flascheninhaltes soll als Gärraum frei bleiben. Man gibt nun die

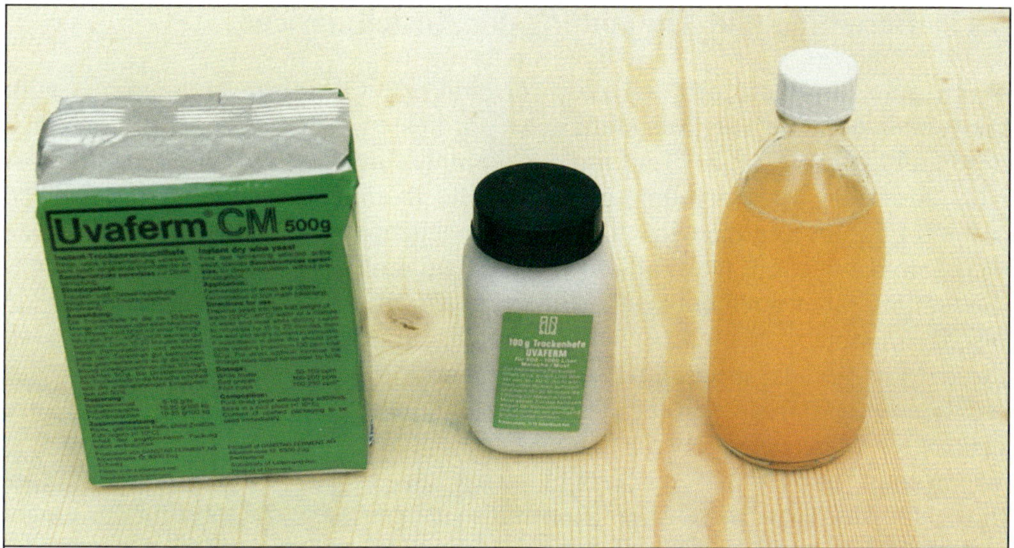

Trocken- und Naßhefe

Reinhefe dazu und verschließt mit einem Gärspund. Falls man keinen zur Verfügung hat, genügt es auch, die Flasche mit einem Wattepfropfen zu verschließen. Die Flasche wird dann ca. 3 Tage bei 20 bis 22°C aufgestellt. Nach dieser Zeit hat sich die Hefe genügend vermehrt, um eine Anstellmaische herstellen zu können.

Merke:
Bei Anwendung von Reinzuchthefe immer die Gebrauchsanleitung beachten. Trockenhefe ist derzeit in der Anwendung einfacher.

6.1.3 Preßhefe (Backhefe, Germ)

Sie eignet sich besonders zur Vergärung von Vogelbeeren, Wacholderbeeren und Enzianwurzeln. Die Hefezugabe beträgt 30 bis 50 dag pro hl Maische. Die Anstelltemperatur der Maische soll ca. 24° C betragen, da die Preßhefe höhere Temperaturen braucht als die Weinhefe.

6.1.4 Bereitung und Anwendung der Anstellmaische

Wenn man im Laufe des Herbstes verschiedene Obstarten einmaischen will, verwendet man für die Anstellmaische am besten Äpfel oder Birnen, welche besonders gut reif, sauber und frei von Fäulnis sind. Das gut angewärmte Obst wird durch die Maischemühle getrieben und in ein sauber gereinigtes Faß (50 bis 100 l Inhalt genügen im allgemeinen) gegeben und die vorher vermehrte Reinhefe dazugeben. Das Faß so verschließen, daß keine Luft eindringen kann, die Gärgase aber noch entweichen können. Das Faß an einem warmen Platz (18 bis 20° C) stellen. Nach 4 bis 5 Tagen hat sich die Hefe so stark vermehrt, daß diese Maische als sogenannte Anstellmaische verwendet werden kann. Zur frischen Obstmaische werden 1 bis 2% – das heißt 1 bis 2 l – Anstellmaische pro Hektoliter Maische gegeben.

Wenn man nur einmal einmaischt, wird die ganze Anstellmaische aufgebraucht. Meistens wird aber mehrmals in gewissen Zeitabständen eingemaischt. Man muß es sich nun so einrichten, daß ein Drittel bis ein Viertel der Anstellmaische übrig bleibt. Man füllt dann wieder mit frischer Maische auf und vermischt das ganze und verschließt wieder wie üblich. Nach einigen Tagen ist die Anstellmaische bereits wieder verwendungsfähig.

Sollte mehr als 10 Tage wenig oder keine Anstellmaische gebraucht werden, so gibt man ca. die Hälfte der Anstellmaische zu einer bereits gärenden Kernobstmaische und füllt dann wieder mit frischer Apfel- oder Birnenmaische auf. Es ist dies wichtig, damit die Hefe wieder Nahrung erhält. Eine ausgegorene Anstellmaische hat keine lebenfähige Hefe mehr.

7. Das Einmaischen

Die süßen Früchte und Wurzeln speichern ihren Frucht- und Traubenzucker in den Zellen. Die Hefe (siehe Gärung) muß nun diesen Zucker in Alkohol umwandeln. Dazu ist es notwendig, daß die Zellen zum Teil aufgerissen werden, damit der Frucht- und Traubenzucker freigelegt wird. Ein weiterer Abbau mit Aufschließung der Zellen erfolgt dann während der Gärung durch die Hefe selbst. Es ist daher eine vollkommene Vermusung nicht notwendig.
Für die Vergärung ist eine stark zerkleinerte Maische günstiger. Es ist aber Rücksicht auf den vorhandenen Brennkessel zu nehmen. Bei Öl- oder Wasserbadkesseln spielt der Feinheitsgrad keine Rolle. Bei einwandigen Brennkesseln brennt feine Maische leichter an als grobe. Es richtet sich daher der Feinheitsgrad der Maische stark nach der Art des Brennkessels.
Bei Abfindungsbrennereien unterscheidet das Finanzamt verschiedene Ausbeutesätze (siehe Seite 125).
Grundsätzlich soll jede Obstart in bestimmten Fällen auch sortenmäßig, z. B. Williams-Christbirne, getrennt eingemaischt werden. Hat man aber nur wenig Obst zur Verfügung, ist oft eine Mischung notwendig. In diesem Fall soll man nur Früchte mit der gleichen Alkoholausbeute vermischen. Die Steueraufsichtsbehörde verrechnet den Abfindungsbrennereien die Abgaben nach der Frucht, welche den höchsten Ausbeutesatz hat.
Beispiel: Eine Mischung aus Äpfeln und Zwetschken wird nach dem Ausbeutesatz der Zwetschken (5,5 l Weingeist/100 l Maische) verrechnet, obwohl Äpfel nur einen Ausbeutesatz von 3% haben. Man muß also für die Äpfel fast das Doppelte bezahlen.

7.1 Maischemühlen

Für größere Obstmengen rentiert sich die Anschaffung einer geeigneten Maischemühle. Welcher man den Vorzug gibt, ist vielfach abhängig von der Obstmenge und auch vom Preis. Es werden folgende Typen unterschieden beziehungsweise angeboten:

1. Schabermühlen
Auf einer Holzwalze befinden sich glatte oder gezahnte Metalleisten. Das Obst wird mit Holzstößel zur rotierenden Walze gepreßt und abgeschabt. Es gehen oft auch etwas größere Stücke durch die Mühle, und man muß bei der Vergärung achten, daß diese Stücke auch voll vergoren werden. Für kleinere

Schabermühle, rechts – geöffnet mit Holzstößel und Schaberwalze

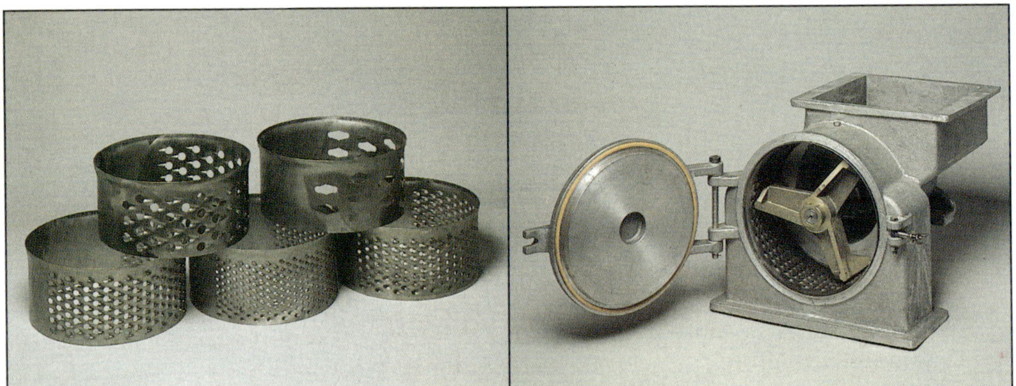

Geöffnete Fräßmühle, links – verschiedene Siebeinsätze je nach Obstart

Obstmengen eignen sich die Schabermühlen aber trotzdem sehr gut.

2. Fräsmühlen (Rätzmühle, Schleuderfräse)
Besonders für größere Obstmengen sehr gut geeignet, da sie eine große Leistung haben. Für die verschiedenen Obstarten gibt es die entsprechenden Siebeinsätze. Es entsteht eine feine gleichmäßige Maische, aber es findet keine Vermusung statt.
In der Anschaffung sind diese Mühlen leider etwas teuer.

3. Steinwalzen- oder Sternwalzenmühlen

Sie werden heute kaum mehr gebaut.
Das Obst wird mit Greifhaken vorzerkleinert und dann gequetscht. Die Walzen sind verstellbar, und es kann daher verschiedenartiges Obst eingemaischt werden. Die Zerkleinerung des Obstes ist zufriedenstellend, so daß man diese Mühlen ruhig weiterhin verwenden kann.

Allesmuser, geöffnet mit auswechselbaren Schnittscheiben

4. Futtermuser
Hier wird das Obst fein vermust. Er kann daher nur für Kern- und Beerenobst verwendet werden. Beim Steinobst würden alle Kerne zerschlagen, und bei der Gärung würde das zuviel Blausäure (Gift) geben.

7.2 Obstauswahl und Verarbeitung

Die Früchte sollen sauber sein. Verschmutztes Obst muß gewaschen werden. Schmutz kann die Gärung beeinträchtigen und damit die Schnapsqualität vermindern. Wurzeln natürlich auch gut vom Erdreich reinigen.
Schimmeliges und stark faules Obst soll man auch entfernen. Wenn viel faules

Obst anfällt, kann dieses gesondert eingemaischt und auch gesondert gebrannt werden. Diesen Schnaps kann man dann eventuell für die Behandlung kranker Tiere verwenden.
Falls man ihn zum Trinken verwenden möchte, empfiehlt es sich, ihn besonders vorsichtig abzubrennen, wobei der zweite Brand sehr wichtig ist. Verschimmeltes Obst soll man überhaupt nicht verwenden. Der Schimmelgeschmack geht leicht in den Schnaps über und verdirbt die Qualität.

Schimmeliges und bitterfaules Obst – gehört nicht in die Maische

Für eine flotte Gärung ist die Maischetemperatur ausschlaggebend. Am einfachsten ist, wenn man das Obst an der Sonne oder in einem warmen Raum entsprechend vorwärmt. Durch das Erwärmen erfolgt gleichzeitig auch eine Nachreifung der Früchte. Die Maischetemperatur soll zirka 18° C betragen. Es ist falsch, wenn man z. B. in der Früh Obst sammelt und dann gleich einmaischt. Die Maische ist dann zu kalt, und der Gärbeginn verzögert sich, oder die Gärung kann überhaupt steckenbleiben (es bildet sich kein Alkohol).
Obsttemperatur: 18 bis 20° C.

7.2.1 Äpfel und Birnen

In einer geeigneten Maischemühle zerkleinern. Grobes Zerstampfen schließt die Zellen zu wenig auf, und es würde nur eine teilweise Vergärung des Zuckers erfolgen. Dadurch würde die Ausbeute stark verringert.
Merke: Für einwandige Kessel soll die Maische etwas gröber sein.
Für Öl- und Wasserbadkessel kann die Zerkleinerung auch mit einem sogenannten Futtermuser erfolgen (Obstkerne sollen ganz bleiben).
Besondere Sorten wie Scheuerlbirne, Williams-Christbirne usw. sollen bei genügender Menge gesondert eingemaischt werden. Sie ergeben nämlich als reiner Sortenbrand einen besonders guten und sortentypischen Schnaps. Williams-Christbirnen sollen teigig eingemaischt werden.

7.2.2 Steinobst

Dazu gehören Zwetschken, Pflaumen, Kirschen, Marillen, Pfirsiche, Ringlotten und Mirabellen. Diese Früchte sind mehr oder weniger weichfleischig, und es genügt, wenn die Schalenhaut aufgerissen wird. Bei sehr weichen Früchten reißt die Schale selbst auf. Die festen Früchte werden durch eine Maischemühle getrieben. Die Mühle muß so eingestellt werden, daß die Kerne ganz bleiben. Bei der Gärung bildet sich aus dem Bittermandelöl der Kerne die Blausäure (starkes Gift). Es empfiehlt sich aber, zur Aromaverbesserung ca. 4 bis 5% der Kerne zu zerkleinern. Ausgenommen davon sind die Mirabellen. Durch die Kleinheit der Früchte ist der Kernanteil sehr hoch, und es bildet sich auch bei ganzen Kernen genügend Aroma in der Maische. Ein Futtermuser ist für Steinobst nicht geeignet, da alle Kerne zertrümmert würden (Blausäure!).
Man kann die Früchte auch mit einem S-förmig gebogenen Eisen oder einer Holzkeule etwas zerstampfen, bis die Schalen aufgerissen sind. Diese kurze Berührung mit Eisen macht nichts.
Kirschen werden ohne Stiel eingemaischt. Durch die Stiele kann ein störender Fremdgeschmack im Schnaps entstehen. Weiche Kirschen können auch im ganzen in das Faß kommen, da sie selbst zerfallen. Es werden dann nur 4 bis 5% so zerkleinert, daß die Steine auch zerdrückt werden.
Beim Mischen von Steinobst ist auf die verschieden hohen Branntweinabgaben der einzelnen Früchte zu achten.
Beim Einmaischen von ganzen Früchten (z. B. Zwetschken) muß mehrmals umgerührt werden. Wenn die Früchte zu lange ganz bleiben, befinden sich zu

viele Hohlräume zwischen den Früchten, und es kann zur Schimmelbildung kommen.

7.2.3 Holunderbeeren

Es sollen nur vollreife Beeren verwendet werden. Die Kämme (Stiele) müssen unbedingt entfernt werden, da ansonsten unangenehme Stoffe in den Schnaps übergehen. Das Abrebeln kann in der Weise durchgeführt werden, daß man die Früchte über ein feines Gitter streift. Die Maschengröße muß zumindest zweimal so groß sein wie der größte Beerendurchmesser (siehe Foto Ebereschen). Näheres, siehe unter „Spezialschnäpse“ (Seite 110).

Abrebeln von Ebereschen über ein Drahtgitter

7.2.4 Ebereschen

Auch hier müssen die gut gereiften Beeren ohne Stil eingemaischt werden. Man spannt ein Drahtgeflecht (Hasengitter) mit einem Lochdurchmesser von ca. 2 cm auf einen Rahmen, legt das Ganze dann auf einen Bottich und streift die

Beeren durch das Gitter ab. Die Beeren selbst soll man dann durch eine Maischemühle treiben. Näheres, siehe unter „Spezialschnäpse“ (Seite 109). Zum Abtrennen der Beeren von den Kämmen eignen sich auch Rebelmaschinen, wie man sie im Weinbau verwendet. Sie sind sehr leistungsfähig.

7.2.5 Weintrauben

Sie müssen auch gerebelt und gequetscht werden.

7.2.6 Wacholder

Reiner Wacholder wird selten gebrannt und hat auch wenig Bedeutung. Verarbeitet werden nur die getrockneten Beeren. Die gequetschten Beeren werden mit der doppelten Menge Wasser versetzt. Die Vergärung ist etwas schwierig.
Ein Zusatz von 40 g Ammonsulfat oder Ammonphosphat/Hektoliter Maische ist zu empfehlen (Hefenährsalz). Einen geschmacklich angenehmen Schnaps erhält man, wenn man die gequetschten Beeren einer Apfel- oder Birnenmaische zusetzt. Es erfolgt hier auch eine problemlose Vergärung. Näheres, siehe unter „Spezialschnäpse“ (Seite 107ff.).

7.2.7 Wurzeln

In Abfindungsbrennereien werden Wurzeln im allgemeinen nicht rein eingemaischt und abgebrannt. Die gereinigten und gut zerkleinerten Wurzeln werden einer Äpfel- oder Birnenmaische zugesetzt. Näheres, siehe unter „Spezialschnäpse“ (Seite 107ff.).

7.2.8 Wein- und Obsttrester

Diese können zur Vergärung trocken eingestampft werden. Falls genügend Obst zur Verfügung steht, rentiert sich das Einmaischen von Obsttrestern kaum. Am ehesten rentieren sich die Weintrester, falls sie nicht für die Haustrunk-Bereitung bereits ausgelaugt wurden.

7.3 Wasserzusatz

Vielfach herrscht die Meinung, daß zu jeder Maische warmes Wasser dazugegeben werden muß. Es wird oft bis zu 50% Wasser der Maische beigesetzt. Nach dem Grund gefragt, erhält man die Antwort, daß man die Maische mit warmem Wasser anwärmen muß, damit die Maische für die Vergärung dünn genug ist. Wie beim Einmaischen bereits betont, soll **das Obst** angewärmt werden (18 bis 20° C). Für die Vergärung selbst ist ein Wasserzusatz grundsätzlich nicht notwendig. Nur bei sehr trockener Maische (z. B. Eberesche), wo sich Hohlräume bilden können, soll ein Wasserzusatz erfolgen. Aber auch hier nur soviel, daß die Hohlräume ausgefüllt werden. Ohne Wasserzusatz könnte sich in diesem Fall Schimmel bilden bzw. auch eine Überhitzung der Maische erfolgen. Jeder vermehrte Wasserzusatz wird natürlich volumsvermehrend und muß dann selbstverständlich versteuert werden.

7.4 Enzymbehandlung der Maische

Die Zellen der Früchte werden durch eine Kittsubstanz (Pektin) zusammengehalten. Der Pektinabbau bei der Gärung geht sehr langsam vor sich. Die Fruchtteilchen zerfallen daher auch sehr langsam, und die Gärung dauert länger. Durch Zusatz von pektinabbauenden Stoffen (Enzyme) wird die Maische rasch flüssig, und die Gärung erfolgt rascher. Beim Steinobst lösen sich zusätzlich die Kerne rascher vom Fruchtfleisch und sinken zu Boden. Enzymbehandelte Maischen lassen sich auch leichter abbrennen. Man sollte sicher einmal einen Versuch unternehmen.
Die Anwendung der Enzyme zur Maischeverflüssigung hat nach Gebrauchsanleitung zu erfolgen. Die Kosten betragen je nach Obstart zwischen öS 5,– und öS 15,–/hl (Stand 1992).

7.5 Ansäuerung

Verschiedene Obstarten und Sorten (Kirschen, Golden Delicious, Williams Christbirne) haben wenig Säure. In solchen Maischen können sich unerwünschte Mikroorganismen leichter vermehren und zu Maischefehlern führen. Durch Zuführung von Säuren kann der pH-Wert gesenkt werden, und die

Mikroorganismen werden in ihrer Entwicklung gehemmt. Der pH-Wert soll auf drei abgesenkt werden. Die pH-Messung erfolgt mit Indikatorpapier.
Verwendet werden Milch- und Phosphorsäure in Lebensmittelqualität.
Pro hl werden benötigt: 100 bis 250 g 80%ige Milchsäure und 100 bis 150 g 84%ige Phosphorsäure. Es können auch fertige Säurekombinationen MS verwendet werden.
Die Säuremenge hängt vom Säuregehalt des Obstes ab und ist mit Indikatorpapier zu kontrollieren (Einstellung der Maische auf pH 3).

7.6 Zusatz von Hefenährsalzen

Bei einem hohen Gerbstoffgehalt kann sich die Hefe oft schlecht entwickeln. Es ist daher bei sehr gerbstoffreichen Mostbirnen, Ebereschen und Wacholderbeeren ein Zusatz von 40 g Ammonphosphat oder 40 g Ammonsulfat pro hl notwendig. Das Nährsalz wird in Wasser aufgelöst und beim Einmaischen gleich dazugegeben.

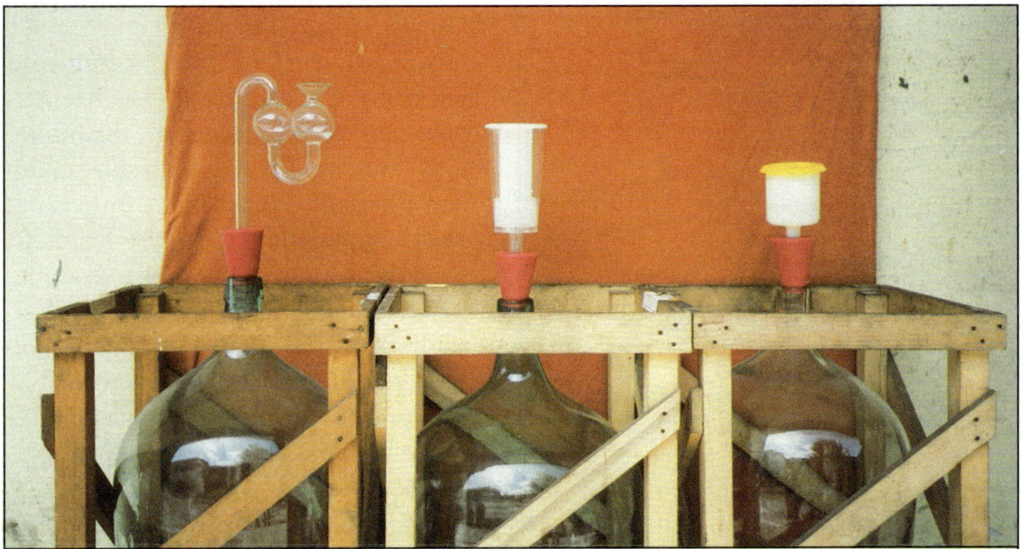

Verschiedene Gärspunde

7.7 Sonstige Zusätze

Es darf darauf hingewiesen werden, daß jeglicher Zusatz von Zucker, Obstsaft, Wein u. ä. nach dem Brennereimonopol für den Haus- und Abfindungsbrenner streng verboten ist.

7.8 Füllung des Gärbehälters

Die Maische oder das weiche Obst (z. B. Kirschen, Zwetschken), welches nicht zerquetscht werden muß, wird dann in das gereinigte Faß gegeben. Ein Zusatz von Reinzuchthefe (siehe Seite 44) ist auf alle Fälle zu empfehlen. Zirka ein Zehntel des Faßinhaltes bleibt als Gärraum frei. Bei Kernobstmaische kann man etwas weniger freilassen, da diese am meisten zusammensitzt. Damit keine Luft, kein Schmutz und keine unerwünschten Kleinlebewesen (Mikroorganismen) in die Maische gelangen, muß das Faß verschlossen werden. Die Hefe braucht zur Entwicklung keine Luft. Einige Kleinlebewesen (Essigbakterien, Kahmhefen), welche auf die Maische schädlich wirken, brauchen unbedingt Luft. Wenn man die Luft fernhält, wird die Entwicklung dieser Kleinlebewesen stark gehemmt. Das Verschließen selbst muß so erfolgen, daß das gebildete Kohlendioxyd (Gärgas) entweichen kann. Ein gasdichter Verschluß darf nicht erfolgen: Überdruck im Faß – Unfallgefahr!

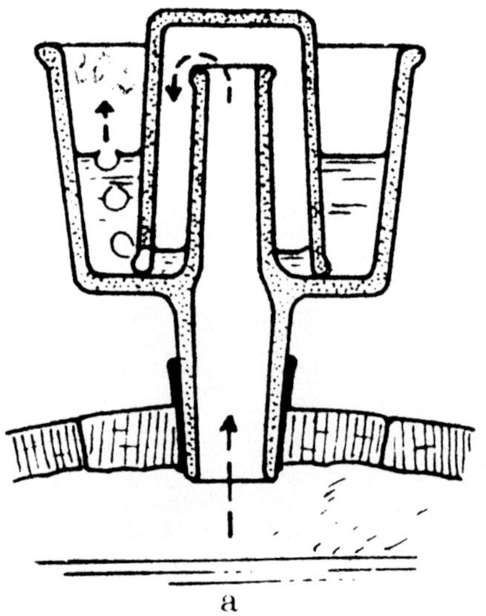

Querschnitt durch Gärspund (auch Gäraufsatz oder Gärtopf)

Der Gärbehälter sollte binnen einer Woche gefüllt werden. Wochenlanges Nachfüllen ist qualitätsvermindernd. Es ist besser, wieder ein frisches Faß zu beginnen und nach der Hauptgärung die Maische zusammenzuschütten.

Für eine reine Vergärung, wie es besonders bei der Weinbereitung Bedingung ist,

Aufgesetzter Gärspund im kleineren Schraubverschluß

muß ein Gärspund aufgesetzt werden. Der Gärspund wird so angebracht, daß das Gärgas nur durch den Gärspund entweichen kann. Es müssen hier also alle undichten Stellen mit einer eigenen Dichtungsmasse (erhältlich bei Kellerartikel-Firmen) oder im Notfall auch mit Kitt oder Wachs abgedichtet werden. Ein Vorteil des Gärspunds ist, daß man den Gärverlauf gut beobachten kann. Das Gärgas muß durch das Wasser im Gärspund entweichen, und dies ist optisch gut sichtbar. Je mehr Gas entweicht, desto stärker ist dann die Gärung. Man sieht auch sofort irgendwelche Gärunterbrechungen. Bedingung ist aber, daß das Gärgas sonst nirgends entweichen kann. Bei der Schnapsbereitung kommt man aber im allgemeinen ohne Gärspund aus.

Das Verschließen der Fässer kann folgendermaßen durchgeführt werden:

a) Fässer mit Türchen
   Man setzt das Türchen so ein, daß nur ein ganz kleiner Spalt (1 mm genügt) offenbleibt.
b) Kunststoffässer
   Es gibt hier verschiedene Fabrikate; die meisten haben neben einem ab-

Kunststoffässer mit Schraubdeckel, linkes Faß hat noch kleinen Schraubverschluß im Deckel (praktisch für Gärspund)

Guter Faßverschluß mit Kunststoffolie

nehmbaren Deckel noch einen kleinen Schraubverschluß aufgesetzt. In diesem Fall wird der große Deckel fest und der Schraubverschluß locker aufgesetzt.

c) Offene Fässer und Bottiche
Im Kunststoffzeitalter sind auch solche Behälter einfach zu verschließen. Man gibt einfach eine Kunststoffolie darüber und bindet eine Schnur oder ein Gummiband um das Faß wie bei einem Marmeladeglas.

Die Fässer bleiben nun, falls keine Gärstörungen eintreten, bis zum Gärende verschlossen.

Um eine flotte Gärung zu gewährleisten, muß die Raumtemperatur mindestens 15° C, besser 18 bis 20 ° betragen. Kleinere Fässer brauchen die höhere Raumtemperatur, da sie rascher auskühlen.

Vielfach wird die Maische noch täglich aufgerührt. Der Schaden ist hier sicher größer als der Nutzen. Es kommen während des Umrührens Luft und Mikroorganismen in die Maische, und Alkohol- und Aromastoffe können entweichen. Bei nicht zerquetschter Maische (z. B. Kirschen und Zwetschken) kann am Anfang ein- bis zweimal untergerührt werden, damit das Aufreißen der Fruchtschalen beschleunigt wird.

Es ist kaum zu vermeiden, daß die Maische oberflächlich braun wird. Durch das tägliche Unterrühren werden diese Stoffe wieder mit der ganzen Maische vermischt. Frische Maische kommt obenauf und kann wieder etwas verderben. Wenn man das während der ganzen Gärung so macht, ist es verständlich, daß die Maischequalität nicht bessere wird. Die Hefe ist nach dem Einmaischen bereits im ganzen Faß verteilt, so daß ein Unterrühren keine bessere Verteilung bringt.

Um die Gärung besser in Schwung zu bringen, könnte man in der ersten Woche die Maische 2- bis 3mal gut durchrühren. Die Hefe braucht grundsätzlich keinen Luftsauerstoff. Man hat aber festgestellt, daß die Vermehrung mit Luftsauerstoff rascher vor sich geht.

7.9 Gärdauer

Sie beträgt im günstigsten Fall drei Wochen und kann aber auch sechs Wochen und mehr betragen.

Bei Enzymbehandlung kann die Maische in 14 Tagen vergoren sein.

Dies hängt von der Gärtemperatur und vom Feinheitsgrad der Maische sowie von der Obstart ab. Es gibt leider keine einfache und sichere Methode, um das Gärende zu bestimmen. Praktiker sagen, wenn der Maischehut wieder absinkt oder wenn knapp oberhalb der Maische ein Zündholz brennt, dann hat die Maische ausgegoren. Das stimmt leider nicht, denn dies zeigt nur, daß die Maische **nicht mehr gärt.** Sie kann nun ausgegoren oder auch in der Gärung steckengeblieben sein.

Maischesaft abrinnen lassen

7.9.1 Vergärungsgrad

Vor dem Brennbeginn soll festgestellt werden, ob der Zucker der Früchte ganz vergoren ist. Ein Restzucker bedeutet eine geringere Alkoholausbeute.

Vorgang:

Man nimmt ein engmaschiges Tuch, gibt etwas Maische hinein und läßt den Flüssigteil abrinnen. Nun wird die Maische ausgedrückt und dieser Saft zur Extraktbestimmung genommen. (Extraktbestimmung, siehe Kapitel 3.1) Der in den Maischeteilchen eingeschlossene Zucker vergärt nämlich am spätesten. Wie bereits beschrieben, werden bei der Zuckerbestimmung mittels Saccharometer alle im Saft gelösten Stoffe erfaßt. Es gibt nun Erfahrungswerte der unvergärbaren Stoffe (siehe Tabelle). Wenn das Saccharometer mehr anzeigt, als in der Tabelle angegeben, besteht der Verdacht auf Restzucker. In diesem Fall gibt man den Saft in eine Flasche, gibt ein kleines Stück Backhefe dazu, verschließt sie mit einem Wattebausch und stellt die Flasche bei 20 bis 22° C auf. Nach 3 bis 4 Tagen wird nochmals gemessen. Ist der Wert gleichgeblieben, kann angenommen werden, daß die Maische ausgegoren ist. Wird ein niederer Wert abgelesen, so war noch ein Restzucker vorhanden, das heißt, die Maische ist noch nicht voll vergoren. Es ist also mit dem Brennen abzuwarten.

Eine weitere Möglichkeit ist die Zuckerbestimmung mittels der „Clini-Test-

Saccharometeranzeige liegt fast bei 0 = volle Vergärung des Traubenzuckers

Auspressen der Maische zur Saftgewinnung für die Zuckerbestimmung bzw. Feststellung des Vergärungsgrades. Wichtig: Die Maische auspressen, denn der in den Maische-Teilchen eingeschlossene Zucker vergärt am langsamsten

Methode“ (Farbtest). Man braucht dazu ein komplettes Prüfset mit Meßröhrchen, Farbskala und Tabletten.
Bei Ebereschen beträgt der Extraktgehalt von Preßsaft vergorener Maischen ca. 7%. Wenn man bei den Vergärungsgraden nicht den unteren Wert erreicht, sollte man doch eine Gärprobe machen.

Beispiel
Der Saft einer ausgepreßten Apfelmaische hat 4% Extrakt, das heißt, sie ist noch nicht ausgegoren (in der Tabelle ist beim Apfel 1 bis 3% Extrakt angegeben).

Tab.: Vergärungsgrade (scheinbarer Extrakt) vergorener Obstmaischen			
Ausgangsmaterial des vergorenen Maischefiltrats	**Saccharometer n. Plato (Gew.% E.)**	**Oechsle-Waage (°Oe)**	**Mostwaage nach Dichte 20° C (ϱ 20° C)**
Äpfel	1–3	4–12	1,002–1,010
Birnen	1,5–4	6–16	1,004–1,014
Williams-Christbirnen	2,5–4	10–16	1,008–1,014
Kirschen	3–5	12–20	1,010–1,018
Zwetschken	4–5	16–20	1,014–1,018
Pflaumen	2–3	8–12	1,006–1,010
Mirabellen	2–4	8–16	1,006–1,014
Himbeeren, Brombeeren, Heidelbeeren	1–2	4–8	1,002–1,006
Holunderbeeren	3–5	12–20	1,010–1,018
Topinambur	1	4	1,002

Quellen: Windisch – Rüdiger – Schwarz – Malsch (1965) unter Berücksichtigung der „Extrakt-Tabellen“ (Kämpf 1957)

7.10 Gärungsstörungen

Es kommt öfters vor, daß die Gärung steckenbleibt, das heißt, die Hefe kann sich durch irgendwelche Einflüsse nicht mehr vermehren und den Zucker nicht mehr in Alkohol umwandeln. Die Hauptursache ist wohl meistens eine zu niedrige Gärtemperatur. Wenn die Obsttemperatur beim Einmaischen 18 bis 20° C beträgt und die Gärfässer in einem genügend warmen Raum stehen, so kann die Maische nie so tief absinken, daß sich die Hefe nicht mehr vermehren kann. Ist die Maischetemperatur wirklich zu tief abgesunken, so muß man die Maische erwärmen, indem man einen Teil der Maische aus dem Faß nimmt und vorsichtig auf höchstens 45° C erwärmt (bei höheren Temperaturen stirbt die Hefe ab). Man kann bei der zuständigen Steueraufsichtsbehörde ansuchen, ob die Anwärmung im Brennkessel erfolgen kann. Wenn Maische angewärmt werden muß, ist dies sicher die günstigste Art. Die angewärmte Maische wird mit der kalten gut verrührt. Man macht dies so lange, bis die Maischetemperatur mindestens 18° C erreicht hat.

Der Mangel an Stickstoffnahrung für die Hefe ist in der Abfindungs- und

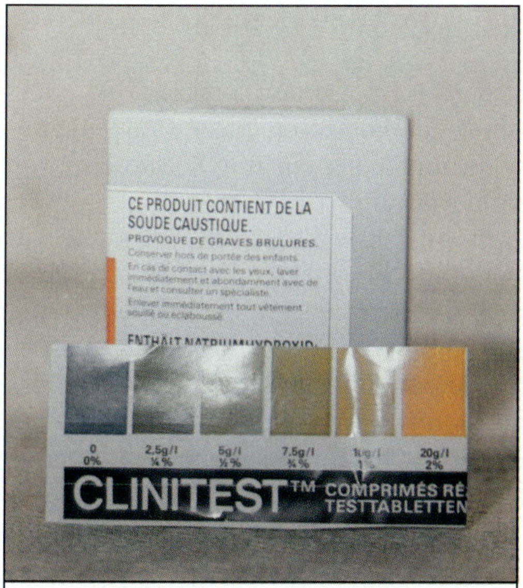

Testset zur Zuckerbestimmung vergorener Maischen

Hausbrennerei selten anzutreffen. Er könnte aber bei folgenden Obstarten auftreten: Heidelbeeren, Vogelbeeren, Hagebutten, Wacholder und Schlehen. Wer mit dieser Maische Schwierigkeiten hat, gibt gleich nach dem Einmaischen 40 g Ammonsulfat oder Ammonphosphat, in Wasser aufgelöst, pro Hektoliter dazu. Es gibt auch eigene Gärsalze, deren Anwendung nach Gebrauchsanleitung erfolgt.

7.11 Mischen von Maischen

Vergorene Maischen können jederzeit zusammengemischt werden. Es sind nur wieder die Abgabenunterschiede für das Finanzamt zu beachten (Kernobst zu Kernobst, Kirschen zu Kirschen usw.).

7.12 Maischebehandlung nach der Gärung

Am günstigsten ist es, wenn man die Maische bald nach der Gärung abbrennt. Da man nicht sofort alles brennen kann, muß die Maische entsprechend gelagert werden. Es muß besonders die Entwicklung der Essigsäurebakterien und der Kahmhefen verhindert werden, das heißt, jeglicher Luftzutritt ist zu unterbinden. Zu diesem Zweck werden sofort nach der Gärung die Fässer soweit wie möglich mit arteigener Maische aufgefüllt und dann möglichst gasdicht verschlossen. In diesem Fall müssen auch die Fugen gut abgedichtet werden (Kitt, Türldichte).

Die ausgegorene Maische soll nun kühl lagern.

Es werden dadurch die schädlichen Mikroorganismen (Essigsäurebakterien, Kahmhefen u. a.) in ihrer Entwicklung stark gehemmt. Die Kälte und der

luftdichte Abschluß der Fässer sichern für einige Wochen eine gute Konservierung.
Wenn Maischen länger als vier Wochen gelagert werden müssen, ist trotz kühler Lagerung und luftdichtem Verschluß der Fässer eine langsame ungünstige Veränderung der Maische möglich. Früher hat man mit Schwefeldioxyd konserviert. Es hat dies oft zu Schnapsfehlern geführt.
Mit der Glukose-Oxydase steht heute ein wesentlich besseres Produkt zur Verfügung. Wenn man weiß, daß die Maischen längere Zeit gelagert werden müssen, gibt man nach der Hauptgärung 2 g technische Glukose-Oxydase pro hl dazu. Das Mittel ist im Saft oder Wasser aufzulösen und gut in der Maische zu verteilen. Dadurch wird die Maische sauerstofffrei gehalten. Auf diese Weise behandelte Maischen haben nach 6 Monaten kaum an Qualität verloren.
Holzfässer sind für eine längere Maischelagerung schlecht geeignet (Sauerstoffzutritt, Verdunstung). Für längere Maischelagerung nur luftdichte Kunststoffbehälter verwenden.

8. Brenngeräte

Für den Haus- und Abfindungsbrenner sowie Stoffbesitzer sind in Österreich nur einfache Brenngeräte erlaubt. Die wesentlichen Teile sind Blase, Helm, Steigrohr und Kühler. Mit diesen Geräten ist ein zweimaliger Brand (Roh- und Feinbrand) notwendig.
Verschlußbrennereien haben Brenngeräte mit Verstärkungseinrichtungen, welche für einfache Brennkessel verboten sind.

8.1 Werkstoff

Als Werkstoff kommt hauptsächlich Kupfer in Betracht. Es ist dies ein altbewährter Werkstoff, welcher die Schnapsqualität wahrscheinlich günstig beeinflußt. Außer Kupfer kann auch nichtrostender Stahl (Chrom-Nickel-Stahl oder Nirosta) verwendet werden. Beide Werkstoffe sind gegen Säuren und andere Stoffe, welche sich in der Maische befinden, unempfindlich. Weiters haben sie eine sehr gute Wärmeleitfähigkeit.
Reine Nirosta-Kessel sind ungeeignet für die Erzeugung von Qualitätsschnaps. In der Maische befinden sich Schwefelverbindungen (z. B. Schwefelwasserstoff – Geruch fauler Eier), welche nur vom Kupfer abgebunden werden (schwarzer Belag). Es muß also beim Brennkessel (ohne Kühler) immer Kupfer mit dabei sein (ca. ⅓).
Durch eine Kombination beider Werkstoffe können die Nachteile jeweils ausgeschalten werden. Ein Kühler aus Nirosta unterbindet die Grünspanbildung. Bei Kupfergeräten ist auch ein Steigrohr aus Nirosta günstiger (Grünspanbildung).

Günstige Kombinationen:
Blase bis Helm Kupfer – Steigrohr und Kühler Nirosta
Blase und Kühler Nirosta – Helm, Blasenhals und Steigrohr Kupfer
Nachteile von Kupfer: Durch Säuredämpfe (z. B. Essigsäure) bildet sich Grünspan (giftig).
Nachteil von Nirosta: Es bindet keine Schwefelverbindungen. Ab dem Steigrohr ist dies aber nicht mehr notwendig.
Diese einfachen Brennkessel, welche für den Haus- und Abfindungsbrenner erlaubt sind, bestehen aus vier wesentlichen Teilen:

1. Brennblase
2. Helm
3. Geist- oder Steigrohr
4. Kühler mit Vorlage

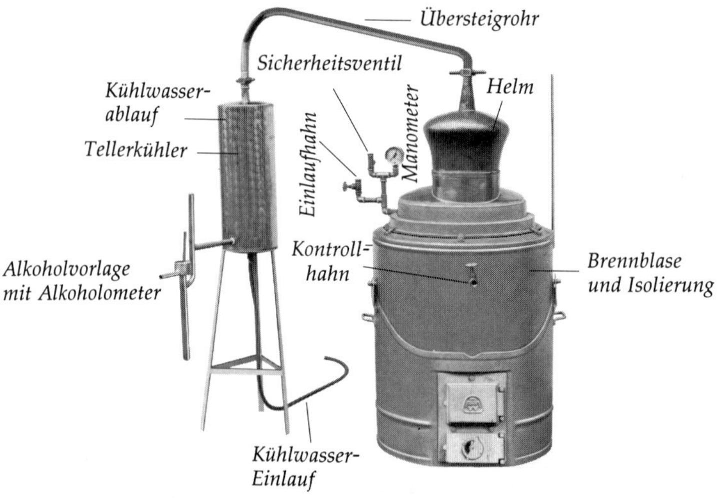

Wesentliche Teile eines Brennkessels (Wasserbad)

Jeder Teil des Brenngerätes hat beim Brennvorgang eine wesentliche Aufgabe zu erfüllen, deren Kenntnis für den Brenner wichtig ist.

8.1.1 Brennblase

Sie dient zur Erhitzung der Maische, damit die flüchtigen Stoffe verdampfen können. Der Werkstoff Kupfer und auch Nirosta haben eine ausgezeichnete Wärmeleitfähigkeit. Dies ist wichtig für einen sparsamen Brennstoffverbrauch sowie eine gute Wärmeverteilung und Wärmeübertragung auf die Maische.

8.1.2 Bauweise der Brennkessel

a) Einwandige Brennkessel
Es war dies lange Zeit die einzige Bauart der Kessel. Zwischen Feuer und Maische ist nur das einfache Blech. In diesem Fall wird die Maische direkt erhitzt. Es wird das Brennmaterial wohl sehr gut ausgenützt, doch haben sie

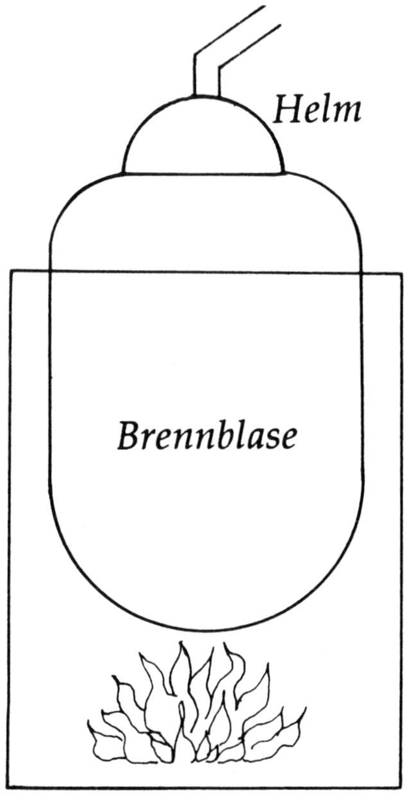

Brennkesselschema, einwandig

den großen Nachteil, daß speziell dickflüssige Maischen leicht anbrennen. Diese brenzlichen Stoffe gehen dann leider in den Branntwein über und vermindern stark seine Qualität. Es kann dies bis zur Ungenießbarkeit führen. Hier hilft auch keine Kohlebehandlung mehr. Diese Kessel brauchen eine gröbere Maische, und das Heizen muß sehr vorsichtig und behutsam erfolgen. Es werden auf Wunsch heute noch solche Kessel – mit einem Rührwerk versehen – hergestellt. Damit ist es möglich, während des Brennens immer wieder aufzurühren. Das Anbrennen kann auch stark eingeschränkt werden, wenn man den Kesselboden mit einem dichten, gut ausgekochten Weidengeflecht auslegt. Man kann auch die Maische bei abgenommenem Helm bis zum Kochbeginn umrühren. Es treten hier aber doch gewisse Alkoholverluste bis zum Aufsetzen des Helms auf.

b) Zweiwandige Brennkessel

Bedingt durch die Nachteile der einwandigen Brennkessel, geht man immer mehr auf die zweiwandigen Kessel über. Sie werden auch, je nach Füllmittel, Wasserbad- oder Ölbadkessel, wobei letztere kaum mehr gebaut werden, genannt.

Durch das Feuer wird zuerst das Füllmittel erhitzt, und dieses gibt die Wärme an die Maische weiter. Bei Ölbadkesseln kann unter Umständen die Maische noch etwas anbrennen (speziell beim Entleeren). Es sind daher Wasserbadkessel für die Abfindungsbrenner am günstigsten. Die Maische kann nicht anbrennen, und das Abbrennen selbst kann sehr zügig vor sich gehen.

Damit die Maische vollständig entgeistet wird, muß die Temperatur des Was-

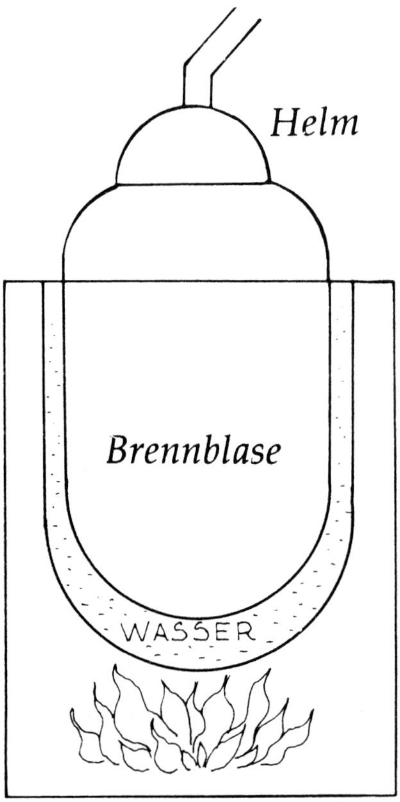

Brennkesselschema, doppelwandig

sers im Wasserbad höher als 100° C sein. Es wird dadurch erreicht, daß das vollkommen geschlossene Wasserbad einen Überdruck bis 0,5 bar erhält. Damit der Druck nicht höher steigen kann, muß ein Sicherheitsventil angebracht sein.

8.1.3 Beheizungsarten

1. Direkte Beheizung bei einwandigen Kesseln
2. Indirekte Beheizung bei Öl- und Wasserbadkesseln
3. Elektrische Heizung bei Öl- und Wasserbadkesseln

Der Vorteil bei der elektrischen Beheizung liegt in der feinen Regulierbarkeit der Hitze, und es wird kein Kaminanschluß benötigt. In der Anschaffung ist er etwas teurer als befeuerte Öl- oder Wasserbadkessel.
Vor dem Ankauf eines elektrischen Kessels ist die Anschlußmöglichkeit (ca. 15 kW) zu prüfen und der lokale Strompreis zu berücksichtigen.
Wenn man das Brennmaterial selbst im Betrieb hat, ist ein befeuerter Kessel sicher wirtschaftlicher. Weiters ist zu bedenken, daß der Elektrokessel fast keine Wärme an den Brennraum abgibt. Falls der Brennraum keine Heizung hat, was ja vielfach der Fall ist, ist ein befeuerter Kessel empfehlenswerter. Man erreicht damit auch eine entsprechende Raumheizung. Es ist dies besonders wichtig, wenn im Brennraum auch die Maische vergoren wird. Man hat so für das später eingemaischte Obst einen warmen Raum zu Verfügung.
Stromverbrauch eines elektrischen Kessels mit 103 l Nutzinhalt aus eigener **Erfahrung:**
Rauhbrand: ca. 30 kWh/Kesselfüllung – Feinbrand: ca. 40 kWh/Kesselfüllung

Elektrobrennkessel mit Schlempeabfluß

Foto: Binderberger

Kohle- und Holzverbrauch zum Vergleich für einen Wasserbadkessel mit 103 l Nutzinhalt:
Rauhbrand: ca. 20 kg Briketts und etwas Brennholz
Feinbrand: ca. 26 kg Briketts und etwas Brennholz

Der Festbrennstoffverbrauch ist etwas schwankend, da auch die Heizungsart auf den Verbrauch einen Einfluß hat. Einen ungefähren Vergleich der Brennkosten kann sich jeder nach den lokalen Strom- und Kohlepreisen selbst errechnen. In Österreich erlaubte Energieträger für die Beheizung der Brenngeräte: Holz, Kohle, Gas, Öl und Strom.

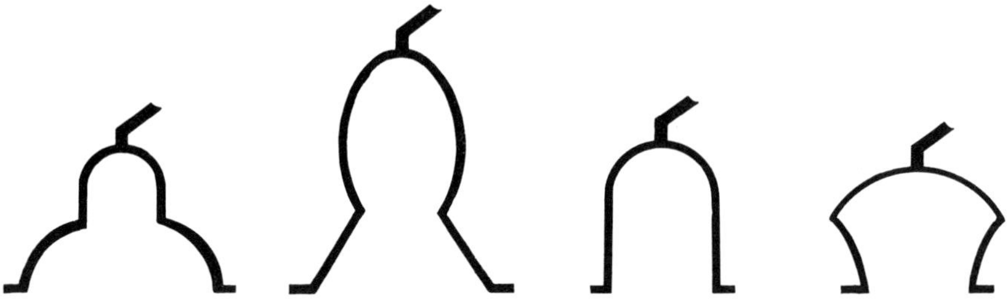

Verschiedene ausgebildete Helmformen

8.1.4 Helm

Der Kessel wird mit dem sogenannten Helm abgeschlossen. Die Helmform kann sehr verschieden sein. Wichtig ist nur, daß über dem Brennkessel noch ein genügend großer Raum vom Helm gebildet wird. Dieser Raum dient als Sammelraum für den gebildeten Dampf. Eine besonders wichtige Aufgabe hat der Helm als Vorkühler auszuüben. Durch seine große Oberfläche und die gute Leitfähigkeit des Werkstoffes (Kupfer) erfolgt eine Abkühlung. Es verflüssigt sich an der Innenwand des Helms jener Stoff zuerst, welcher den höheren Siedepunkt hat – in unserem Fall also das Wasser und auch die Fuselöle. Diese Stoffe mit höherem Siedepunkt als der Trinkalkohol rinnen zum Teil wieder an der Innenseite des Helms in die Maische zurück. Bei schäumender Flüssigkeit kann man als letzte Maßnahme ein nasses, kaltes Tuch auf den Helm legen. Der Schaum kühlt dann ab und fällt in sich zusammen.

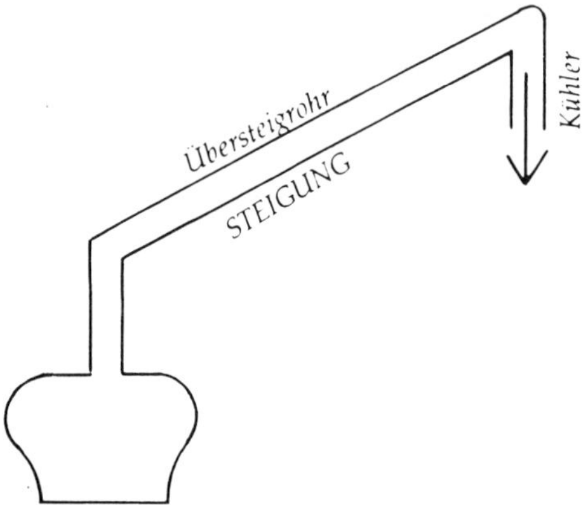

Helm mit Steigrohr

Der Helm mündet dann in das Geist- oder Steigrohr (siehe Abbildung).

8.1.5 Geist- oder Steigrohr

Steigrohr deshalb, da dieses Rohr zum Kühler hin ansteigen soll. Denn auch hier erfolgt eine leichte Abkühlung, und Wasser sowie Fuselöle schlagen sich wieder am Innenrohr nieder und rinnen dann zurück in den Helm und weiter in den Kessel.
Beim Kesselkauf soll man daher achten, daß der Helm genügend groß ausgebildet ist und das Steigrohr zum Kühler hin wirklich ansteigt.

8.1.6 Kühler und Vorlage

Der Kühler hat die Aufgabe, den übergehenden Dampf zu verflüssigen. Er muß so gebaut sein, daß eine vollkommene Abkühlung und Kondensation der Dämpfe erfolgt. Das Destillat (Rauhwasser, Branntwein) muß kalt ablaufen. Bei warmem Destillatablauf treten zum Teil große Alkoholverluste auf.
Die alten Kühlvorrichtungen waren oft zu schwach ausgelegt.
Heute unterscheidet man folgende Kühlertypen:

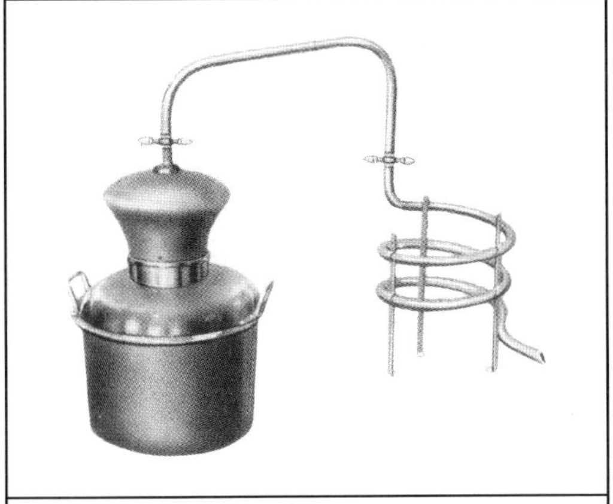

Einfaches Brenngerät zum Einbau in vorhandenen Ofen, Schlangenkühler

a) Schlangenkühler
Es sind im allgemeinen spiralförmig gewundene Kupferschlangen, welche sich in einem zylindrischen Wasserbottich befinden. Sie haben eine sehr gute Kühlwirkung. Ihr Nachteil ist die schlechte Reinigungsmöglichkeit. Nach längeren Stehzeiten bildet sich im Kühlrohr Grünspan, und dieser geht in den Schnaps über.

b) Tellerkühler
In einem zylinderförmigen Metallbehälter, welcher im Kühlwasser steht, befin-

den sich tellerartige Metallscheiben. Neben der guten Kühlwirkung haben sie den Vorteil einer leichten Reinigung. Das Tellergestell kann zur Reinigung leicht herausgenommen werden.

c) Röhrenkühler

In einem Zylinder befindet sich ein senkrechtes Röhrenbündel, welches vom Kühlwasser umspült ist. In den Röhren wird das Dampfgemisch kondensiert. Bei sehr hartem Wasser kann es zu Verkalkungen der Röhren führen. Der Kühler soll daher zum Öffnen sein, damit eine Entkalkung möglich ist.

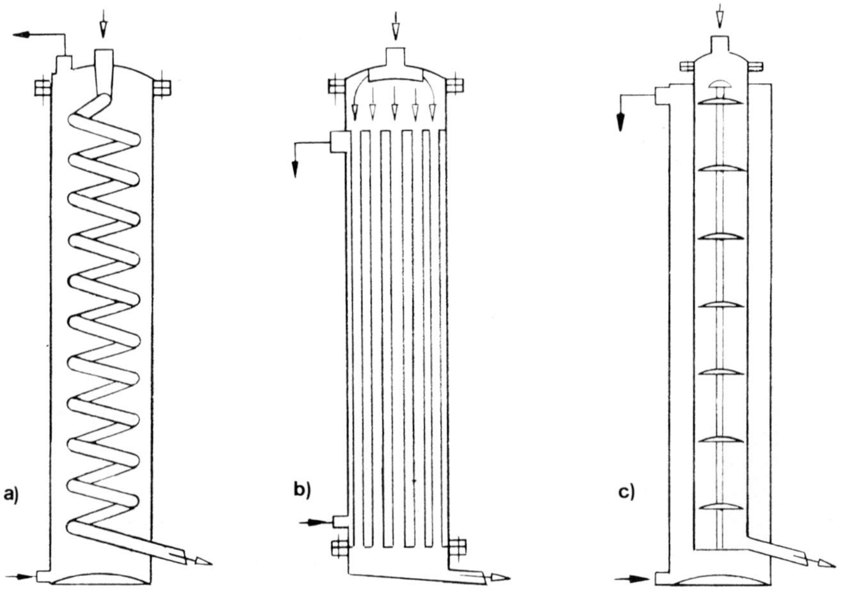

Kühlertypen (a Schlangenkühler, b Röhrenkühler, c Tellerkühler, → Kühlwasser, → Dampfzutritt bzw. Kondensatablauf)

Wasserzufluß beim Kühler

Er muß stets von unten erfolgen. Das kalte Wasser muß dort sein, wo das Destillat den Kühler verläßt. Das warme Wasser wird oben abgeleitet. Das Destillat verläßt den Kühler über ein Auslaufrohr und wird in einem aufgestellten Gefäß aufgefangen. Dies hat den Nachteil, daß zum Messen des Alkoholge-

Vorlage mit Glasabdeckung und Alkoholableitung in abgedecktem Kübel

Foto: Binderberger

Hartgummiring mit 2 Eintiefungen für Glas und Vorlage – geringste Aroma- und Alkoholverluste

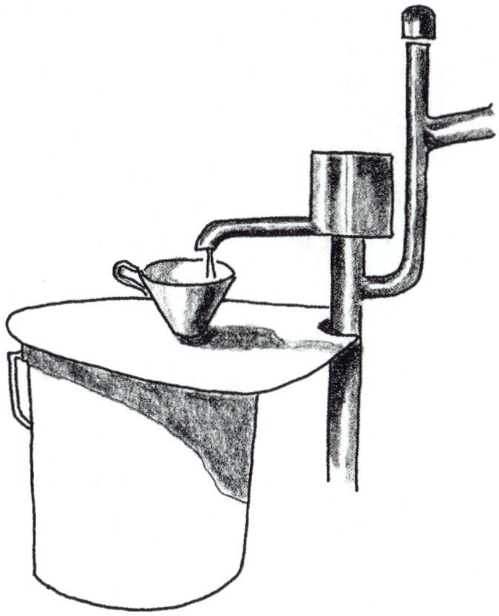

Auch so ist es möglich

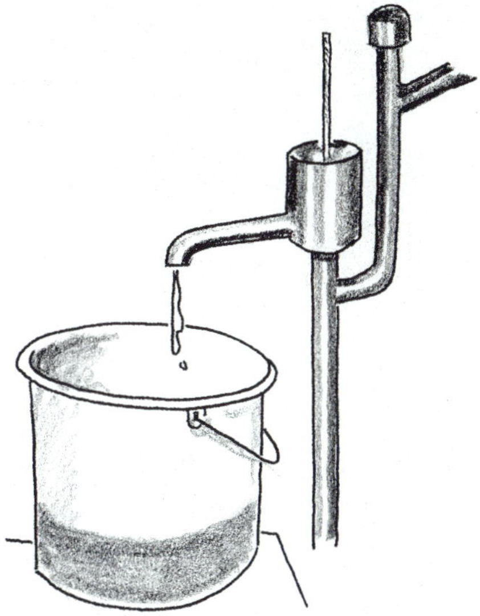

Zuviel Luftberührung – nicht zu empfehlen

haltes immer etwas Flüssigkeit aufgefangen werden muß. Falls doch etwas mehr Schnaps gebrannt wird, wäre eine sogenannte Vorlage sehr zu empfehlen. Diese wird einfach auf das Auslaufrohr des Destillats am Kühler aufgesteckt.

Vorlage
In der Vorlage ist eine Vertiefung zur Aufnahme des Alkoholmeters angebracht. Man kann so zu jeder Zeit die Alkoholstärke ablesen. Eine Abdeckung der Vorlage mit einer Glasglocke verhindert Aroma- und Alkoholverluste. Der Abfluß des Destillats (Schnaps oder Rauhwasser) vom Kühler zum Auffanggefäß soll auf kürzestem Weg und ohne viel Luftberührung (Alkoholverluste) erfolgen. Nie frei in ein offenes Gefäß plätschern lassen. Jeder Kessel hat einen bestimmten Füllraum (Nutzraum), welcher ⅝ des Rauminhaltes beträgt. Für jeden Brennkessel wird vom Finanzamt eine Gerätebeschreibung erstellt. Jeder Verkauf eines Brenngerätes muß dem Finanzamt gemeldet werden.

Kesselfüllung mit Einfülltrichter

8.1.7 Befüllung und Entleerung

Diese Arbeit muß rasch und ohne besondere Schwierigkeiten möglich sein. Es ist dies besonders für die Abfindungsbrennerei wichtig, damit die festgesetzte Brennzeit gut ausgenützt werden kann.
Zum Befüllen muß eine genügend große Öffnung vorhanden sein. Zusätzlich kann noch ein Trichter aufgesetzt werden. Weiters soll die Füllöffnung rasch zu öffnen und zu schließen sein. Vielfach wird die Füllöffnung durch Abnahme des Helmes gebildet. Es gibt auch Brennkessel mit eigener Füllöffnung.

Für die Entleerung gibt es grundsätzlich drei Möglichkeiten:
a) Entleerung durch Kippen des ganzen Brennkessels – es geht dies sehr rasch und auch problemlos.
b) Entleerungsstutzen am Kesselboden seitlich abführend. Der Durchmesser soll mindestens 15 bis 20 cm betragen, damit auch die dickflüssige Schlempe (Brennrückstand im Kessel) gut entleert werden kann.

c) Herausschöpfen der Schlempe bei alten gemauerten Brennkesseln. Heute nur mehr selten anzutreffen. Diese Art der Entleerung ist sehr zeitraubend und nicht empfehlenswert.

Beim Brennen selbst ist zu achten, daß alle Teile des Kessels dicht sind. Schon bei geringfügigem Entweichen von Dämpfen kann es zu größeren Alkoholverlusten kommen.

Entleerung durch Kippen

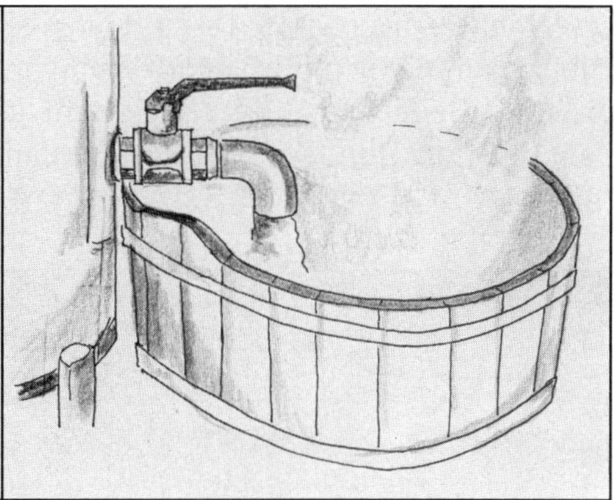

Entleerung über Entleerungsstutzen

8.1.8. Sonderausrüstungen

a) Schauglas im Bereich des Helmes

Es ist dies zur Beobachtung der Maische günstig. Eine entsprechende Ausleuchtung des Blasenraumes ist aber notwendig.

b) Rührwerk

Ein solches wäre bei einwandigen Brennkesseln sehr von Vorteil. Es könnte dadurch das Anbrennen möglichst verhindert werden.

8.2 Reinhaltung der Brenngeräte

Bei der Erzeugung eines reintönigen und guten Branntweines sind Reinlichkeit und Sauberkeit wichtige Voraussetzungen. Die Rohstoffe müssen vor dem

Einmaischen gesäubert werden. Besonderes Augenmerk ist auf die Sauberkeit der Maischebehälter zu legen. Aber genauso wichtig oder fast noch wichtiger ist die entsprechende Sauberhaltung der Brenngeräte. Es dürfen sich nirgends Ablagerungen und Krusten ansetzen. Die Alkoholdämpfe würden sonst verschiedene unerwünschte Stoffe aufnehmen. Man soll nach jedem Maischebrand Kessel und Helm säubern (Bürste und reines Wasser). Zwischendurch ist eine Reinigung mit heißer Sodalösung zu empfehlen, damit sich auch die fettigen und wachsartigen Stoffe lösen. Dabei sind das Steigrohr und der Kühler miteinzubeziehen. Dort sieht man den Schmutz weniger, aber hier schädigt er am meisten. Beim Steig- oder Geistrohr kann man eine Flaschenbürste mit einer Schnur öfters durchziehen. Den Schlangenkühler mit heißer Sodalösung öfters füllen (Abfluß mit Kork verschließen) und wieder durchwaschen.

Elektrobrenngeräte – Blasenhals auch aus Kupfer (Blase und Kühler aus Nirosta)
Foto: Binderberger

Beim Röhrenkühler wird auch eine Flaschenbürste durchgezogen.
Tellerkühler können zur Reinigung zerlegt werden.
Eine gute Reinigung wird mit Dampf erzielt. Man füllt den Kessel mit Wasser und destilliert ohne Kühlwasser ab. Der Dampf muß längere Zeit (ca. ¼ Stunde, je nach Verschmutzung) bei der Vorlage ausströmen. Den Dampf

eventuell mit einem Schlauch ins Freie leiten. Auch neue Kessel sollen vor Inbetriebnahme ausgedämpft werden.
Eine besonders gründliche Reinigung ist jeweils vor dem Feinbrand durchzuführen. Beim Feinbrand wirkt sich jede Verunreinigung natürlich am stärksten aus, da sich die aufgenommenen Stoffe dann im Branntwein befinden. Geruchs- und Geschmacksfehler des Branntweines sind sicher oft auf stark verunreinigte Kessel zurückzuführen.

9. Das Abbrennen der Maische

Wenn alle Arbeiten bis jetzt ordnungsgemäß durchgeführt wurden, befinden sich in der Maische die gewünschten Stoffe, welche den Branntwein ergeben sollen. Durch das Brennen oder die Destillation sollen der Trinkalkohol (Äthylalkohol) und die guten Geschmacks- und Aromastoffe von den anderen Bestandteilen der Maische abgetrennt und angereichert werden. Die Güte des gewonnenen Branntweines hängt sehr stark vom Brennvorgang ab. Aber es nützt alle Brennkunst nichts, wenn die Maische nicht in Ordnung ist. Gute Schnapsqualität kann nur aus einwandfreier Maische gewonnen werden. Alle kleineren und größeren Fehler, die auf dem Weg bis zur vergorenen Maische passiert sind, wirken sich jetzt beim Brennen qualitätsverschlechternd aus. Der beste Schnapsbrenner kann solche Fehler nicht mehr ausmerzen. Es bereitet aber sicher keine besonderen Schwierigkeiten, aus einer guten Maische einen reintönigen, guten Schnaps zu brennen. Man muß dazu nur über den eigentlichen Brennvorgang Bescheid wissen und sich an einige wesentliche Punkte halten.

9.1 Bestandteile der Maische

9.1.1 Flüchtige Bestandteile

Beim Brennvorgang sind diese Stoffe dann im Rauhbrand (Lutter) anzutreffen. Es sind dies: Wasser, Äthylalkohol (Trinkalkohol), Methylalkohol (Methanol – giftig), Essigsäure, Essigester, Fuselöle, Acetaldehyd, Blausäure (bei Steinobst), Aromastoffe (ca. 70 verschiedene), Ester usw.
Eine Trennung dieser flüchtigen Stoffe geschieht beim Feinbrand.

9.1.2 Nichtflüchtige Bestandteile

Das sind feste oder gelöste Stoffe des Obstes, wie zum Beispiel Zellteile, Salze, Säuren u. a. Sie bleiben als Rückstand im Brennkessel (Schlempe).

9.2 Grundlage des Brennens

Die Hauptbestandteile der vergorenen Maische, Wasser und Alkohol, haben verschiedene Siedepunkte. Wasser siedet normal bei 100° C und Alkohol bei

78,3° C. Beim Erwärmen der Maische verdampfen nun Wasser und Alkohol gleichzeitig. Da aber der Alkohol einen niederen Siedepunkt hat, verdampft im Verhältnis zum Wasser immer mehr Alkohol. Dies geht bis zum Siedepunkt des Alkohols, also 78,3° C. Wenn man nun stärker erhitzt, nähert man sich immer mehr dem Siedepunkt des Wassers, und der Wasseranteil im Dampf nimmt zu. Es ist daher ein zu starkes Anheizen nicht sinnvoll. Es ist dies besonders beim zweiten Brand zu beachten.

Kupferkessel mit Schauglas

Gleichzeitig mit dem Wasser und Alkohol verdampfen nun auch die restlichen flüchtigen Stoffe. Es spielen auch hier der Siedepunkt und das Mischungsverhältnis mit anderen Stoffen eine Rolle. Es gibt Stoffe mit niederem Siedepunkt, wie zum Beispiel Essigsäure, Methylalkohol (giftig!), die gleich am Beginn des Erhitzens verdampfen, aber es gibt auch Stoffe, die einen höheren Siedepunkt als der Trinkalkohol haben, die dann erst später und bei höherer Temperatur in verstärktem Maß verdampfen.
Durch zweimaliges Brennen ist es nun möglich, die einzelnen flüchtigen Stoffe so zu trennen, daß man einen guten Schnaps erhält, indem man die minderwertigen Stoffe abtrennt. Bei der Trennung kommt es also besonders auf die richtige Temperaturführung beim Feinbrand an.

9.3 Das Rauh- und Feinbrennen

Mindestens eine Woche vor Brennbeginn hat die Anmeldung beim Finanzamt – Verbrauchssteuerstelle – zu erfolgen. Gleichzeitig ist die Branntweinabgabe zu entrichten.

Elektrokessel mit Thermostatsteuerung (Helm und Steigrohr aus Kupfer, Rest aus Nirosta)
Foto: Binderberger

Zur Erzeugung eines guten, reintönigen und genußfähigen Branntweines ist bei den einfachen Brennkesseln der Abfindungs- und Hausbrenner ein zweimaliges Brennen unbedingt notwendig.
Durch das zweimalige Brennen können bei entsprechender Maischequalität hervorragende Qualitäten erzeugt werden.

9.3.1 Rauhbrand oder erster Brand

Jeder Kessel hat einen bestimmten Nutzinhalt (Füllraum), welcher geringer ist als der Rauminhalt (Gesamtinhalt).
Es muß trotz des größeren Helms noch zusätzlich genügend Raum für die Dämpfe bleiben. Weiters neigen verschiedene Maischen (Holler, Geläger,

nicht ganz vergorene Maische) zu mehr oder weniger Schaumbildung. Damit der Schaum nicht gleich in das Steigrohr und in den Kühler gelangt, ist auch ein entsprechender Raum notwendig. Sollte einmal Schaum bis in den Kühler übergehen, muß man Steigrohr und Kühler selbstverständlich durchwaschen. Die Schaumbildung kann durch Zugabe von Silicon-Antischaum-US (2 bis 5 g/hl) verhindert werden.
Im allgemeinen kann der in der Gerätebeschreibung des Finanzamtes angegebene Füllraum voll ausgenützt werden. Bei schäumender Maische füllt man besser nur zwei Drittel voll und heizt etwas langsamer an.
Während des Brennvorganges werden in der Maische neue Aromastoffe gebildet. Ein zu rasches Abbrennen würde dies teilweise unterbinden. Es darf aber auch nicht zu langsam gebrannt werden, weil sich auch während des Brennens unerwünschte Stoffe bilden können. Ein zügiges Abbrennen ist am günstigsten (ca. 2 bis 2½ Stunden pro Füllung).

Wasserzusatz
In verschiedenen Fällen wird es nun notwendig sein, die Maische mit Wasser zu verdünnen. Bei einwandigen Kesseln ohne Rührwerk muß die Maische doch sehr dünnflüssig sein, um ein Anbrennen zu verhindern. Beim Vorhandensein eines Rührwerkes, aber besonders bei Öl- und Wasserbadkesseln, kann man wesentlich dickflüssigere Maischen verwenden. Hier kann die Maische dicksuppig sein. Zu dicke Maischen sind schlecht, da die Entgeistung schwer vor sich geht.

Maischeentnahme bei Faß mit Tüchern

Maischequalität
Nach dem Öffnen der Maischefässer wird vor dem Brennen noch die Maische auf ihre Qualität geprüft. Man schaut in das Faß hinein, riecht und kostet eventuell etwas Maische. Befindet sich an der Oberfläche eine schmierige weißgraue oder sonst fehlerhafte Maische, so wird diese vorsichtig entfernt, da sie zum Brennen nicht geeignet ist. Nun wird die Maische noch kurz umgerührt. Sollte die gesamte Maische fehlerhaft sein (Essigstich, übler Geruch usw.), soll diese Maische

gesondert abgebrannt werden. Gewisse Fehler können später zum Teil etwas korrigiert werden (siehe Branntweinfehler). Eine Mischung mit guter Maische ist nicht zu empfehlen, weil die gute Maische wesentlich schlechter wird als die schlechte gut.
Nach der gründlichen Reinigung des Brennkessels wird nun die Maische eingefüllt, eventuell mit Wasser verdünnt und der Kessel verschlossen. Bei einwandigen Kesseln mit großer Anbrenngefahr läßt man noch offen, damit man umrühren kann. Beim Einsetzen der Dampfbildung muß dann verschlossen werden. Nach dem Verschließen achten, daß nirgends Dampf entweichen kann (Alkoholverluste).

Einfaches Brenngerät mit Rührwerk (ohne Wasserbad)

Brennvorgang
Der Rauhbrand hat die Aufgabe, die flüchtigen von den nichtflüchtigen Stoffen zu trennen. Durch das Erhitzen der Maische verdampfen die flüchtigen Stoffe. Sie kommen über das Steigrohr in den Kühler und werden dort abgekühlt und verflüssigt. Die reine Brennzeit pro Kessel ist sehr verschieden. Sie ist von der Kesselgröße und auch von der Bauart abhängig. Als Richtwert kann man 2 bis 2½ Stunden reine Brennzeit rechnen. Dazu kommt noch die Zeit für die Entleerung, Reinigung und Füllung. Ein zu rasches Abbrennen der Maische ist auch nicht günstig. Man soll langsam, aber doch zügig anheizen. Eine Tempera-

tur von 70 bis 80° C kann man bald erreichen. Ab dieser Temperatur soll langsam weitergeheizt werden, so daß der weitere Temperaturanstieg nur langsam vor sich geht. Es ist dies besonders wichtig, damit der Alkohol und die Aromastoffe Zeit zum Entweichen haben.
Das Produkt des Rauhbrandes bezeichnet man als Rauhbrand, Rohbrand oder auch als Lutter. Die Menge beträgt ca. ¼ bis ⅓ der Maischemenge. Am Brennbeginn beträgt der Alkoholgehalt je nach Obstart ca. 40 bis 60 Vol.-%. Im gesamten Rauhbrand liegt der Alkoholgehalt dann zwischen 20 und 30 Vol.-%, manchmal sicher auch darunter. Der Alkoholgehalt ist stark schwankend, da er vom Rohstoff, der Maischequalität und dem Wasserzusatz abhängig ist.

Ende des Rauhbrandes
Das Ende des Rauhbrandes ist dann gegeben, wenn der Alkoholgehalt des ablaufenden Destillats nur mehr 3 bis 2 Vol.-% beträgt. Den gesamten Alkohol aus der Maische abzutreiben, würde zuviel Zeit und Brennstoff benötigen. Es würde aber auch das Rauhwasser zu stark verwässert. Weiters können gegen Ende des Brennens vermehrt unerwünschte Stoffe übergehen. In obstreichen Jahren wird man vielleicht schon etwas früher aufhören als bei obstarmen Jahren. Am Alkoholometer in der Vorlage kann dieser geringe Alkoholgehalt nicht mehr genau abgelesen werden (Auftrieb). Es muß also gegen Brennende etwas Destillat aufgefangen werden, damit der Alkohologehalt in einem Meßzylinder mit einem größeren Alkoholometer gemessen werden kann (siehe Alkoholbestimmung, Seite 93).
Es gibt eigene Luttermesser, wo eine genaue Ablesung bei diesem niederen Alkoholgehalt möglich ist (Meßbereich: 0 bis 10 Vol.-% Alkohol).

Inhaltsstoffe des Rauhbrandes (Lutter)
Es sind dies hauptsächlich Trinkalkohol und Wasser. Dazu kommen, je nach Maischequalität, gute und teilweise auch schlechte Aromastoffe, Fuselöle, Essigester u. a. Der Rauhbrand ist trüb und schmeckt unharmonisch und unangenehm. Drei bis vier Rauhbrände ergeben einen Kessel zum Feinbrennen. Es wird aber mehr Maische zuerst abgebrannt und das Rauhwasser gesammelt, damit dann mehrere Feinbrände durchgeführt werden können.

Vor dem Feinbrand wird der Kessel gut gereinigt, besonders das Steigrohr und der Kühler, damit keine unerwünschten Stoffe in den Feinbrand übergehen.

9.3.2 Feinbrand oder zweiter Brand

Er hat die Aufgabe, den Alkoholgehalt zu erhöhen und den Rauhbrand zu reinigen bzw. die guten Inhaltsstoffe von den schlechten zu trennen. Letzteres wird hauptsächlich dadurch erreicht, indem man eine Trennung des Destillats in Vorlauf, Mittellauf und Nachlauf durchführt.

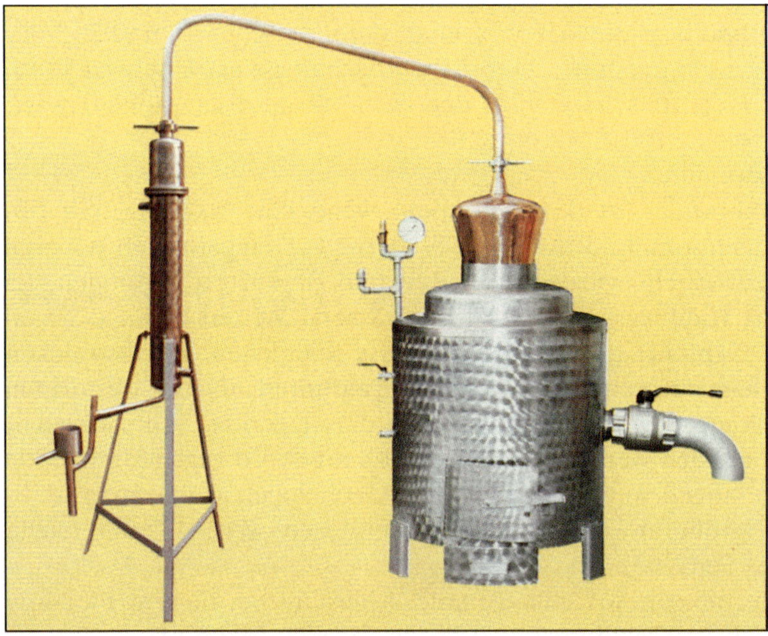

Brenngerät zum Heizen mit Holz, Kohle oder Gas

Brennvorgang
Um eine gute Trennung der verschiedenen Inhaltsstoffe zu ermöglichen, muß ganz langsam angeheizt werden. Als Faustregel kann gelten, daß nach zirka einer Stunde am Kühler das Destillat zu tropfen beginnt. Nur durch das langsame Anheizen können die unerwünschten Stoffe mit niedrigem Siedepunkt (Aldehyd, Essigester, etwas Methylalkohol) zuerst verdampfen. Es soll auch später das Destillat im Mittellauf nicht zu stark rinnen. Der Feinbrand, wenn er ordentlich durchgeführt wird, braucht mindestens vier Stunden.
Den Feinbrand rasch abzubrennen ist wohl der größte Fehler beim Schnapsbrennen. Es können dabei trotz guter Maische keine guten Schnapsqualitäten erzeugt werden. Der Feinbrand wird in drei Teilen (Fraktionen) aufgefangen.

1. Vorlauf

Beim langsamen Anheizen enthält er hauptsächlich die besonders leichtflüchtigen Stoffe wie Aldehyd, Methylalkohol und Essigester mit unangenehmem Geruch und Geschmack.
Wird zu stark geheizt, gehen neben den unerwünschten leichtflüchtigen Stoffen bereits Trinkalkohol und gute Aromastoffe über, welche sich dann im Vorlauf befinden. Besonders beim Apfel gehen die Aromastoffe gleich am Brennbeginn über und befinden sich dann im Vorlauf anstatt im Mittellauf, wo sie für eine gute Schnapsqualität notwendig sind.
Merke daher: Beim Feinbrand langsam anheizen, so daß es ca. nach einer Stunde bei der Vorlage zu Tropfen beginnt.
Die Menge des Vorlaufs hängt stark von der Maischequalität ab, so daß keine exakten Werte angegeben werden können. Den Übergang vom Vorlauf zum Mittellauf kann man nicht genau festlegen. Die Meinung, daß beim Klarwerden des Destillats der Vorlauf fertig ist, stimmt nicht ganz. Man kann eigentlich nur durch Verkosten feststellen, wann der Vorlauf zu Ende ist. Es empfiehlt sich, dabei folgende Methode anzuwenden: Man numeriert sich vier bis fünf ¼-l-Gläser (bei guter Maischequalität ⅛-l-Gläser) durch und beginnt gleich mit dem ersten den Vorlauf aufzufangen und füllt die Gläser der Reihe nach an. Durch Verkosten muß man nun feststellen, ab welchem Glas die Qualität entspricht und der Vorlauf abgebrochen werden kann.

Verkostung Vorlauf

Es wird mit dem letzten Probeglas begonnen. Man gibt etwas Vorlauf in ein Stamperl, verdünnt mit Wasser (ein Teil Vorlauf + 1½ bis 2 Teile Wasser) und kostet. Man kostet nun Probe für Probe bis zur Geschmacksveränderung. Ab der ersten Probe mit dem Vorlaufgeschmack ist dann alles Vorlauf. Jetzt zeigt sich, welche Maischequalität man hat und wie sorgfältig der Feinbrand durchgeführt wurde.
Die Vorlaufmenge beträgt je nach Maischequalität ⅓ bis 1½ Liter. Wenn am Beginn zu rasch gebrannt wird, steigt auch der Vorlaufanteil. Je mehr Vorlauf man weggeben muß, desto mehr Aromastoffe fehlen im Mittellauf. Man kann aber nicht wegen der Aromastoffe einen Vorlauf zum Mittellauf geben.

Vorlauf-Testgerät

Wer sich auf seinen Geschmackssinn nicht verlassen will, kann mittels Vorlauf-Abtrennungstest nach Prof. Pieper das Vorlaufende feststellen. Man bekommt die Grundausstattung mit den Reagenzien im Fachhandel.

Verwendung des Vorlaufes
Er soll gesondert gesammelt und nicht wieder dem nächsten Feinbrand zugegeben werden. Es würde sonst zu einer Anreicherung dieser unerwünschten Stoffe kommen, und die Abtrennung würde immer schwieriger. Den Vorlauf, gebietsweise auch Vorschuß genannt, verwendet man zum Ansetzen von Kräutereinreibungen (Arnikaschnaps), zur Wundbehandlung u. a.

2. Mittellauf
Sobald das Destillat einwandfrei schmeckt, beginnt der Mittellauf. Er wird in einem gesonderten Gefäß ohne viel Luftberührung aufgefangen. Er beginnt mit ca. 70 bis 80 Vol.-% Alkohol zu rinnen. Im Mittellauf sind die erwünschten Bestandteile, welche den Trinkbranntwein ergeben, enthalten. Es ist hier besonders wichtig, langsam abzubrennen. Der Alkoholgehalt sinkt mit dem Brennvorlauf langsam ab. Das Ende des Mittellaufes und der Beginn des Nachlaufes können nun wieder nicht exakt bestimmt werden. Es ist auch hier das Kosten die sicherste Methode, wobei auch eine gewisse Erfahrung notwendig ist.
Bei einem Alkoholgehalt von 50 bis 45 Vol.-% soll man den Mittellauf beenden und den Nachlauf in einem anderen Gefäß auffangen. Es befinden sich jetzt schon in vermehrtem Maße unerwünschte Stoffe (Fuselöle u. a.) im Destillat, welche die Schnapsqualität ungünstig beeinflussen würden. Sollte es sich durch Verkosten ergeben, daß die Qualität doch noch in Ordnung ist, kann etwas weiter heruntergebrannt werden. Die Stärke des insgesamt gewonnenen Mittellaufes liegt bei 60 bis 70 Vol.-% Alkohol.
Ab einem Alkoholgehalt von 42 Vol.-% im Mittellauf steigt der Fuselölanteil stark an.
Für die Schnapsqualität ist es äußerst schlecht, wenn Abfindungsbrenner den Mittellauf so lange laufen lassen, bis der gesamte Mittellauf eine Trinkstärke von ca. 50 Vol.-% Alkohol erreicht hat. Es befindet sich dann bereits zuviel Nachlauf mit Fuselölen und anderen unerwünschten Stoffen im Mittellauf, so daß der Schnaps qualitativ minderwertig ist.

Ausnahmen
Bei Ebereschen brennt man bis 40 Vol.-% herunter, weil bis dahin noch gute Aromastoffe dabei sind.
Bei Williamsbirnen gehen die Meinungen etwas auseinander. Auf alle Fälle soll bis 42 Vol.-% herabgebrannt werden. Es gibt auch Empfehlungen, dies bis 38

Vol.-% zu tun, weil in diesem Bereich noch gute Aromastoffe überdestillieren. Es wird wahrscheinlich von der Birnen- und der Maischequalität abhängen. Empfehlung: Destillat von 42 bis 40 Vol.-% und von 40 bis 38 Vol.-% getrennt auffangen, verkosten und dann entscheiden.

3. Nachlauf

Hier wird alles gesammelt, was ab 50 bis 45 Vol.-% abläuft. Nun kann etwas rascher abgebrannt werden. Der Nachlauf läuft nun, bis das Destillat 4 bis 5 Vol.-% anzeigt. Der Kesselinhalt enthält dann fast keinen Alkohol mehr (0,1 bis 0,2 Vol.-%). Im Nachlauf befinden sich nun in vermehrtem Maße Fuselöle mit unangenehmen Geruchs- und Geschmacksstoffen. Es soll jeder Schnapsbrenner durch fallweises Verkosten den Qualitätsabfall im Nachlauf selbst feststellen, damit er auch selbst von der minderen Qualität überzeugt ist.

Bei schlechter Maischequalität bereits bei 10 bis 8 Vol.-% aufhören.

Kompaktes Brenngerät aus Kupfer mit Nirostakühler

Verwendung des Nachlaufes

Er fällt ungefähr in der gleichen Menge wie der Mittellauf an. Sein Alkoholgehalt beträgt um die 20 Vol.-%. Es gibt nun verschiedene Möglichkeiten:

a) Der Nachlauf wird jeweils dem Rauhwasser des nächsten Feinbrandes zugegeben. Dies hat aber zur Folge, daß sich die Fuselöle und andere Stoffe stark anreichern und dann bereits immer mehr im Mittellauf aufscheinen. Die Schnapsqualität wird immer etwas schlechter. Weniger einzuwenden ist gegen diese Methode, wenn nach einigen Bränden der Nachlauf ausgeschieden und gesondert gesammelt wird. Es wird so eine zu große Anreicherung der Fuselöle verhindert. Der gesammelte Nachlauf kann am Schluß allein abgebrannt werden. Wenn dabei genügend Vor- und Nachlauf abgetrennt

wird, kann vielfach noch halbwegs guter Schnaps erzielt werden. Man soll aber nie schlechte Qualitäten mit guten vermischen. Die gute Qualität verliert nämlich wesentlich mehr als die schlechte gewinnt.
Bei dieser Nachlaufverwertung sollte man beim Feinbrand den Nachlauf bereits bei 8 bis 6 Vol.-% beenden, damit nicht eine zu große Anreicherung von Fuselölen stattfindet.

b) Zur Erzeugung von Qualitätsschnaps wäre folgendes Verfahren zu empfehlen.
Der gesamte Nachlauf wird gesammelt und nochmals gesondert gebrannt. Man erhält so bei Abtrennung von genügend Vor- und Nachlauf oft noch einen guten Schnaps, welcher bei entsprechender Qualität mit dem ersten Mittellauf vermischt werden kann. Man kann aber auch diesen Schnaps zweiter Wahl mit Gewürzen (Anis, Kümmel, Wacholder usw.) geschmacklich verbessern und somit auch gut verwerten. Diese Art der Nachlaufverwertung ist für den Abfindungsbrenner sehr zu empfehlen. Damit gelingt es, einen reintönigen, erstklassigen Branntwein zu erzeugen und den Nachlauf doch gut zu verwerten.
Sollte der Nachlauf einmal sehr schlecht sein, kann man eine Kohlebehandlung durchführen (siehe unter „Branntweinfehler“, Seite 92). Der letzte Nachlauf jeder Maischeart wird bis zum nächsten Brennjahr aufbewahrt.

Lagerung des Mittellaufes

Vor dem Einstellen der Trinkstärke soll der Mittellauf mindestens 6 bis 8 Wochen (längere Lagerung ist natürlich besser) bei Zimmertemperatur gelagert werden. Zur Reifung ist neben Wärme auch etwas Sauerstoff notwendig. Es sollen daher die Lagergefäße nur ca. ¾ vollgefüllt und nicht dicht verschlossen werden (Kork oder Verschluß nur locker aufsetzen, in den Kork Kerbe schneiden).
Bei der Lagerung bilden sich neue Aromastoffe. Weiters verliert der Mittellauf den etwas rauhen und unharmonischen Geschmack. Er wird milder, abgerundeter und geschmacklich besser. Bei zu warmer Lagerung und offenen Gefäßen kommt es zu größeren Alkoholverlusten. Rasch aufeinanderfolgende Temperaturschwankungen sind nicht günstig. Der Lagerraum soll dunkel sein.
Ausnahme: Der Mittellauf von Williams-Christbirne soll nur kurzfristig (3 bis 4 Wochen) gelagert werden, da er sonst zu rasch sein Bukett verliert.
Der Alterungsverlauf ist nicht vorhersehbar. Er verläuft je nach Schnapsart und Lagerbedingung verschieden schnell. Eigene Erfahrungen sind daher wichtig.

Schnapslager – Glasballons

Lagergefäße

Die Lagergefäße für Obstbrände, welche klar in den Handel kommen, müssen alkoholbeständig und grundsätzlich geschmacklich vollkommen neutral sein. Sie dürfen den Branntwein in keiner Weise geschmacklich beeinflussen.

Schnapslager – Kunststoffbehälter (müssen für alkoholhaltige Flüssigkeiten geeignet sein)

Die Lagerung in Holzfässer ist im allgemeinen nicht üblich. Ein Holzfaß (Eichenholz, Zwetschkenholz) kann für Spezialprodukte verwendet werden. Der Schnaps nimmt Stoffe vom Holz auf und bekommt eine spezielle Note.

a) Glasballons in verschiedenen Größen – 20, 30, 50 Liter usw.
Glas ist vollkommen neutral gegenüber Alkohol und Geschmacksbeeinflussungen.
b) Glasierte Steingutgefäße sind sehr gut geeignet.
c) Edelstahltanks – sie sind auch geschmacksneutral und alkoholbeständig.
d) Gewisse Kunststoffässer, welche von der Erzeugerfirma ausdrücklich für die Branntweinlagerung als geeignet bezeichnet werden.

10. Branntweinfehler

Die meisten Branntweinfehler haben folgende Ursache:
a) schlechte Rohstoffauswahl (unreif, faul, schimmelig, schmutzig)
b) Fehlerhafte Maischebereitung
c) ungeeignete Gärgefäße und schlechte Gärführung
d) Fehler beim Brennen selbst

Bei ordentlicher Arbeitsweise lassen sich die meisten Fehler von vornherein ausschalten. Sollten einmal fehlerhafte Maischen auftreten, sind diese gesondert abzubrennen und nicht mit guter Maische zu vermischen.

10.1 Essigstich

Bei schlechter Vergärung mit Luftzutritt oder langer Lagerung der Maische kann sich Essigsäure bilden. Es wird dadurch der Alkohol vermindert, und der Branntwein hat einen sauren Geschmack.
Die Essigsäure kann nun mit reinem kohlensaurem Kalk (Calciumkarbonat, in Drogerien erhältlich) abgebunden werden. Man gibt davon 200 g in 100 l Branntwein oder Rauhwasser. Das Rauhwasser wird dann normal abgebrannt. Beim Branntwein wartet man einige Tage, bis sich der überschüssige Kalk abgesetzt hat. Dann zieht man den geklärten Branntwein vom weißen Bodensatz ab und filtiert ihn.
Mehr Kalk als 200 g pro 100 l soll nicht verwendet werden, da dann der Geschmack des Branntweines leiden kann. Sollte es sich um einen starken Essigstich handeln, wo man mit 200 g Kalk pro 100 l nicht auskommt, sollte man den Säuregehalt vorher bestimmen lassen. Die Entsäuerung müßte hier dann besser im Rauhwasser erfolgen.

10.2 Geschmacksfehler

Hat der Branntwein einen Geschmacksfehler, kann eine Kohlebehandlung durchgeführt werden. Es ist besser, wenn diese Behandlung bereits beim Rauhwasser gemacht wird. Sie ist aber auch beim Branntwein möglich. Man verwendet Entschmackungs- oder Aktivkohle in einer Menge von 50 bis 100 g/hl. Man mischt die Kohle in einer kleinen Menge Flüssigkeit (Schnaps oder Rauhwasser) gut durch, setzt sie der Restmenge zu und verrührt das

Ganze. Die Kohle setzt sich nach kurzer Zeit ab. Man kann also bald kosten, ob die Kohlemenge genügend war oder ob sie überhaupt geholfen hat. Wenn nicht, wird weitere Kohle dazugegeben. Man soll aber nicht mehr nehmen, als unbedingt notwendig ist, da auch die guten Aromastoffe abgebunden werden. Man rührt nun öfters am Tag um, und nach spätestens zwei Tagen wird der Schnaps oder das Rauhwasser von der abgesetzten Kohle abgezogen. Der Schnaps wird bei Bedarf nachfiltriert, und das Rauhwasser wird gebrannt. Die Kohle darf nicht mitgebrannt werden, da sonst die schlechten Geschmacksstoffe wieder mit dem Alkoholdampf übergehen.

10.3 Acroleinstich

Dieser Fehler ist in letzter Zeit häufiger zu beobachten. Verschiedene Bakterienarten können aus dem Glyzerin, welches sich in der Maische bildet, das außerordentlich stark riechende Acrolein bilden. Es hat fast eine Wirkung wie Tränengas. Sein Siedepunkt beträgt 44° C, und es geht beim Brennen sofort in Dampfform über. Der Branntwein ist ungenießbar (scharf brennender Geschmack). Im Verlauf des Brennens werden Nase und Schleimhäute so stark gereizt, daß das Brennen oft unterbrochen werden muß. Die genaue Ursache dieses Fehlers ist nicht bekannt. Man nimmt an, daß es beim unsauberen Arbeiten – speziell bei Erdverschmutzungen der Rohstoffe – zur Acroleinbildung kommen kann.

Behebung des Fehlers

Lagerung des Schnapses durch mehrere Monate in einem offenen Gefäß mit gutem Luftzutritt. Öfteres Umrühren ist günstig. Sehr starke Acroleinfehler sind nicht mehr zu beheben. Der Schnaps bleibt ungenießbar.

Das beste Mittel, um die meisten Branntweinfehler zu vermeiden, ist ein reines und sauberes Arbeiten, beginnend bei der Rohstoffauswahl bis zum Brennen selbst. Jeder Fehler beeinträchtigt stark die Schnapsqualität, welche trotz Behandlung nicht wiederhergestellt werden kann.

Die Erkennung und Behandlung vieler Fehler ist für den Haus- und Abfindungsbrenner meistens sehr schwierig. Sollte aber etwas passiert sein, soll man sich bei einem guten Praktiker, einer Landwirtschafts- oder Weinbauschule einen Rat holen.

11. Die Alkoholbestimmung

Alle Angaben und Berechnungen bei der Alkoholmessung beziehen sich auf Alkoholometer mit einer Eichtemperatur von 20° C.
Eine genaue Alkoholbestimmung ist auch für kleine Brennereien sehr wichtig. Für ein einwandfreies Brennen muß immer wieder der Alkoholgehalt festgestellt werden, und auch für den Schnapsverkauf ist die Einstellung eines bestimmten Alkoholgehaltes notwendig.

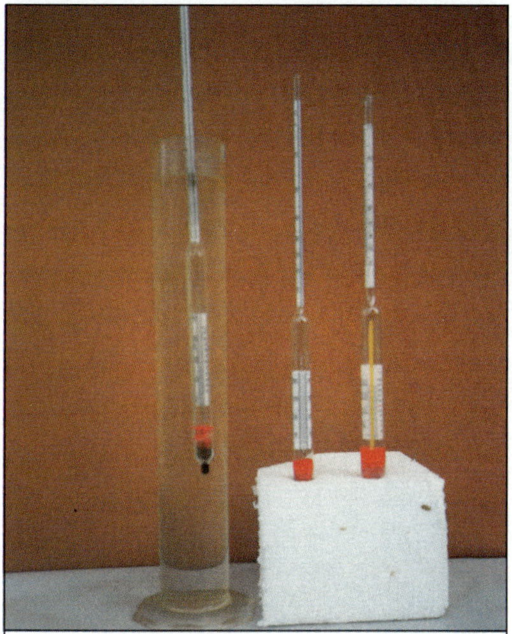

Alkoholbestimmung, lange Spindel für genaue Ablesung notwendig. Bei der Ablesung muß das Alkoholometer frei schweben

Gute Praktiker können wohl die ungefähre Stärke durch Schütteln des Branntweines oder durch andere Methoden feststellen, doch sind damit keine genauen Werte zu erzielen.

Der Alkoholgehalt kann auf zwei Arten angegeben werden:

a) **in Gewichtsprozent (abgekürzt: Gew.-%),** das heißt, es wird angegeben, wieviel Kilogramm Alkohol sich in 100 kg Branntwein befinden. Wenn also bei einem Branntwein 50 Gew.-% Alkohol angegeben sind, so heißt das, daß in 100 kg dieses Branntweines 50 kg reiner Alkohol enthalten sind. Die Angabe in Gewichtsprozent ist aber beim Schnaps und bei anderen alkoholhaltigen Getränken nicht handelsüblich;

b) **in Volumprozent oder Raumprozent (abgekürzt: Vol.-%),** das heißt, es wird angegeben, wieviel Liter Alkohol sich in 100 l Branntwein befinden. Wenn bei einem Branntwein 50 Vol.-% Alkohol angegeben sind, so heißt das, daß sich in 100 l dieses Branntweines 50 l reiner Alkohol befinden.

Da 1 l Branntwein weniger als 1 kg wiegt, kommen größere Unterschiede zustande.

Beispiel
Ein Schnaps mit 51,9 Vol.-% hat 44,3 Gew.-% Alkohol. Rein optisch ist die Angabe in Volumprozent günstiger, daher wird bei allen alkoholischen Getränken der Alkoholgehalt in Volumprozent angegeben.

Der Alkoholgehalt kann nun sehr einfach mit einem Alkoholometer bestimmt werden. Es ist dies eine Senkwaage zur Bestimmung des Alkohols. Bei der Alkoholbestimmung mit dem Alkoholometer ist die richtige Temperatur für eine genaue Bestimmung wichtig. Je 2½° Temperaturunterschied ergeben jeweils eine Abweichung von 1 Vol.-% Alkohol. Die Alkoholometer sind auf eine Temperatur von 20° C geeicht, das heißt, die Meßtemperatur des Branntweines hat 20° C zu betragen. Man stellt also beim Schnaps vor dem Messen diese Temperatur ein, oder man sucht sich in der Korrekturtabelle auf Seite 112 den richtigen Wert heraus. Bei einer Schnapstemperatur unter 20° C wird ein zu geringer Alkoholgehalt und bei einer Temperatur über 20° C wird ein zu hoher Alkoholgehalt angezeigt. Die Abweichung beträgt je 2½ Temperaturgrade ca. 1 Alkoholprozent. Je nach Alkoholstärke gibt es kleine Abweichungen.

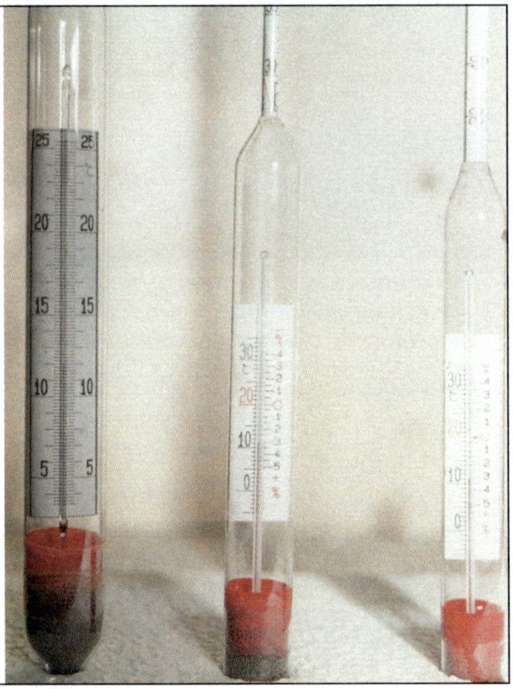

Links – Alkoholometer mit Thermometer; Mitte und rechts – mit Thermometer und Alkohol-%-Korrekturskala für abweichende Meßtemperaturen

Ältere Alkoholometer haben oft noch eine Eichtemperatur (Meßtemperatur) von 15° C. Es ist dies am Alkoholometer angegeben und entsprechend zu beachten.

Beispiel

Bei einem Schnaps mit 45 Vol.-% bei 20° C zeigt das Alkoholometer bei 10° C nur mehr 41,1 Vol.-% an und bei 25° C aber 46,9 Vol.-%.

11.1 Alkoholometerankauf

Beim Kauf eines Alkoholometers sind folgende Punkte zu beachten:

a) Alkoholometer für Volumprozent.

b) Eingebautes Thermometer, damit man gleich die Temperatur des zu messenden Branntweines ablesen kann.

c) Genügend groß, damit eine genaue Ablesung möglich ist. Es sollen Zehntel-Prozente noch abgelesen werden können. Vielfach ist es günstig, wenn man sich zwei Alkoholometer kauft. Eines für den Bereich 0 bis 50 oder 60 Vol.-% und ein anderes für den Bereich von 50 bis 100 Vol.-% Alkohol.

d) Es gibt jetzt auch Alkoholometer, wo an der Thermometerskala die notwendige Alkohol-Prozent-Korrektur für abweichende Meßtemperaturen angegeben ist.

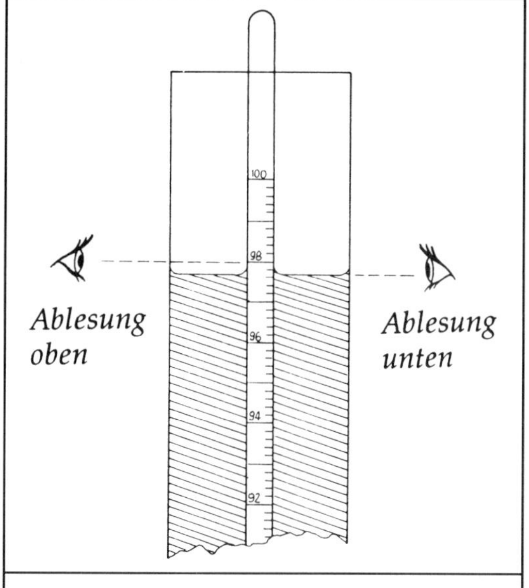

Ablesemöglichkeiten beim Alkoholometer

11.2 Meßvorgang

Man braucht einen entsprechend großen Meßzylinder, dessen Höhe sich nach der Länge des Alkoholometers richtet. Es wird nun der zu messende Branntwein in den Meßzylinder gefüllt.

Nicht ganz vollfüllen, da die Senkwaage noch Platz haben muß. Nun gibt man das trockene und saubere Alkoholometer vorsichtig hinein. Der Meßzylinder muß so groß sein, daß das Alkoholometer frei schwimmen kann. Nach 1 bis 2 Minuten können dann der Alkoholgehalt und die Temperatur abgelesen werden.
Falls am Alkoholometer nichts angegeben ist, gilt Ablesung unten. Falls die Ablesung oben zu erfolgen hat, muß dies am Alkoholometer angeschrieben sein. Die Bezeichnung oben oder unten bedeutet, ob der aufsteigende Flüssigkeitsrand bei der Ablesung einbezogen wird oder nicht. Sollte die auf dem Alkoholometer angegebene Meßtemperatur mit der Schnapstemperatur nicht übereinstimmen, so ist der Branntwein auf die richtige Temperatur zu bringen. Man kann aber auch in der Korrekturtabelle auf Seite 112 nachschauen. Ein entsprechendes Beispiel finden Sie in der Tabelle.

11.3 Alkoholausbeute und -berechnung

Für jeden Schnapsbrenner ist es interessant und wichtig, wieviel Branntwein er aus 100 l Maische brennen kann. Dies läßt sich sehr einfach berechnen. Man braucht dazu folgende Werte:

a) Den Alkoholgehalt des Branntweines bei 20° C = A
b) Die Branntweinmenge = B
c) Die Maischemenge in Liter, die gebrannt wurde (laut Anmeldung beim Finanzamt oder durch eigene Wiegung) = M

$$\text{Die Alkoholausbeute pro 100 l Maische} = \frac{A \times B}{M}$$

Eichtemperatur Alkoholometer 20° C

Beispiel
76 l Branntwein mit 48 Vol.-% Alkohol bei 20° C aus 1400 kg Maische.

$$\text{Ausbeute} = \frac{A \times B}{M} = \frac{76 \times 48}{1400} = 2{,}60 \text{ l reiner Alkohol/100 l Maische.}$$

Wenn Schnaps von verschiedenen Stärken vorliegt, rechnet man für jede Stärke das A × B (Vol.-% × Schnapsmenge) aus, zählt alles zusammen und dividiert durch die Maischemenge.

$$\text{Ausbeute} = \frac{A \times B + A \times B + A \times B}{\text{Gesamt M (Maischemenge)}}$$

Für eine genaue Ausbeuteberechnung soll das Obst vor dem Einmaischen gewogen werden. Der Obstpreis wird in Kilogramm und die Maische später in Liter berechnet. Beim Kernobst ergeben 100 kg etwa 100 Liter Maische. Bei anderen Obstarten braucht man für 100 Liter Maische 105 bis 110 kg Obst.

12. Einstellen der Trinkstärke

Der Mittellauf hat im allgemeinen einen Alkoholgehalt von 60 bis 70 Vol.-%. Dieser Alkoholgehalt muß nun auf Trinkstärke herabgesetzt werden. Wie stark jemand seinen Schnaps haben möchte, bleibt ihm selbst überlassen. Besonders zu empfehlen ist aber ein Alkoholgehalt von 42 bis 45 Vol.-%. Bei dieser Stärke ist der brennende Geschmack nicht mehr so stark, und das Aroma kommt noch gut zur Geltung. Es ist aber zu beachten, daß die Gefahr von Trübungen mit sinkendem Alkoholgehalt zunimmt. Besonders unter 45 Vol.-% ist die Wahrscheinlichkeit einer Trübung sehr groß. Trübungen sollten aber möglichst vermieden werden, da sie meistens mit einer Qualitätsminderung des Branntweines verbunden sind. Mit den Trübstoffen werden nämlich auch Geschmacksstoffe ausgeschieden. Wer keine Möglichkeit zum Klären (Filtrieren) des Branntweines hat, soll durch Vorversuche mit einer kleinen Schnapsmenge feststellen, ab welchem Alkoholgehalt der Schnaps trüb wird. Man muß aber die Probe dann zwei bis drei Tage an einem kühlen Ort stehenlassen, damit sich alle Stoffe ausscheiden können und Nachtrübungen vermieden werden.
Spezialschnäpse wie Enzian, Vogelbeer, Meisterwurz und andere stellt man höchstens auf 45 Vol.-% ein. Allgemein kann gesagt werden, daß in Zukunft eher Schnäpse mit geringerem Alkoholgehalt gewünscht werden. Gesetzlich muß der Alkoholgehalt für Edelbranntweine mindestens 38 Vol.-% betragen.

12.1 Wasserqualität

Das verwendete Wasser muß frei von Härtebildnern (Calcium und Magnesium) sein. Diese Stoffe werden in einer Alkohollösung unlöslich und verursachen eine Schnapstrübung. Wasser aus dem Urgestein ist meistens frei von Härtebildnern und kann verwendet werden.
Wenn jemand aus Erfahrung weiß, daß sein Leitungswasser keine Trübungen hervorruft und den Schnaps auch nicht geschmacklich beeinflußt, kann er dieses Wasser ruhig verwenden.
Das Verschnittwasser muß auch geschmacksneutral sein. Wasser bis zu 5°d (deutsche Härtegrade) kann im allgemeinen verwendet werden.
Für härteres Wasser gibt es folgende Möglichkeiten:

a) Man destilliert die notwendige Wassermenge mit dem Brennkessel. Statt Maische wird Wasser gefüllt. Das destillierte Wasser ist vollkommen frei von Salzen, schmeckt daher sehr fad und riecht bald muffig.

Wasserenthärter (bindet Calcium und Magnesium)

b) Die Wasserenthärtung mit einem Wasserenthärter (Kationenaustauscher), welcher die unerwünschten Calcium- und Magnesiumsalze abbindet. Die Natriumsalze, welche zu keiner Schnapstrübung führen, bleiben im Wasser erhalten. Es ist geschmacklich besser als destilliertes Wasser. Auf dem Markt sind bereits günstige Kleingeräte erhältlich.
c) Es besteht auch die Möglichkeit, enthärtetes Wasser zu kaufen (Lagerhaus, Drogerie).

12.2 Berechnung der Wassermenge

Die genaue Berechnung der notwendigen Wassermenge ist nicht ganz einfach, da bei einem Alkohol-Wasser-Gemisch eine Zusammenziehung (Volumsminderung) erfolgt. Es gibt zwei Möglichkeiten der Berechnung:

a) Ungefähre Mengenbestimmung durch Ausrechnen. Nach Zugabe der ermittelten Wassermenge wird der Alkoholgehalt bestimmt. Es kann dann noch durch kleinere Wasserzugaben der Alkoholgehalt korrigiert werden. Wichtig ist eine genaue Ermittlung der Branntweinmenge und des Alkoholgehaltes (Temperatur berücksichtigen).

Berechnungsbeispiel

Zuerst rechnet man die vorhandenen Alkoholprozente bei 20° C aus. 70 l Mittellauf mit 65 Vol.-% Alkohol ergeben zum Beispiel 4550 Alkoholprozente (70 × 65). Nun legt man die gewünschte Schnapsstärke fest – z. B.: 45 Vol.-%.

Jetzt kann man die Gesamtschnapsmenge ausrechnen, welche man aus den 4550 Alkoholprozenten erhält.

$$\text{Gesamtmenge} = \frac{4450}{45} = 101 \text{ l Schnaps mit 45 Vol.-\%}$$

Notwendige Wassermenge = gesamte Schnapsmenge weniger vorhandenem Mittellauf.
In unserem Fall also: 101 l−70 l = 31 l

Es ist also ein Wasserzusatz von 31 l notwendig. In Wirklichkeit braucht man aber etwas mehr Wasser (durch Volumsminderung). Es kann aber, wie bereits angegeben, später korrigiert werden.

b) Man verwendet eine Mischungstabelle (Seite 114) zur Ermittlung des notwendigen Wasserzusatzes. Ein Berechnungsbeispiel ist bei der Tabelle angegeben.
In der Tabelle finden Sie die notwendige Wassermenge pro 100 l zu verdünnenden Mittellaufes. Will man weniger Liter einstellen, so teilt man die in der Tabelle gefundene Wassermenge durch 100 und multipliziert mit der zu verdünnenden Branntweinmenge.

Beispiel
20 l Mittellauf mit 70 Vol.-% Alkohol soll auf 45 Vol.-% herabgesetzt werden. Laut Tabelle benötigt man für 100 Liter 70%igen Mittellauf 57,8 l Wasser. Daraus errechnet man sich für 20 l:

$$\frac{57{,}8 \times 20}{100} = \frac{1156}{100} = 11{,}56 \text{ l}$$

Für diese 20 l sind also 11,54 l Wasser notwendig, damit der Endgehalt 45 Vol.-% Alkohol beträgt.

12.3 Wasserzusatz

Bei falscher Vorgangsweise des Wasserzusatzes kann es leicht zu Trübungen des Branntweines kommen. Es ist daher folgendes zu beachten:
a) Wasser und Branntwein müssen beim Mischen die gleiche Temperatur

Richtiger Wasserzusatz (Wasser zu Schnaps)

haben. Das erreicht man am besten, wenn man beides einige Tage im gleichen Raum lagert.

b) Es wird immer das Wasser zum Branntwein geschüttet und nicht umgekehrt. Das Wasser ist in einem feinen Strahl unter ständigem Umrühren in den Branntwein zu gießen.

Wasser und Schnaps vermischen sich nicht rasch. Bei zu rascher Wasserzugabe entsteht kurzfristig an der Berührungsstelle Wasser/Schnaps eine Alkoholunterkonzentration, welche zu Trübungen führen kann.
Nach guter Vermischung wird der Alkoholgehalt kontrolliert und eventuell korrigiert. Es empfiehlt sich, nicht gleich die ganze errechnete Wassermenge dem Branntwein zuzugeben. Dies ist dann besonders wichtig, wenn der Alkoholgehalt und die Menge nicht ganz exakt bestimmt wurden. Es kann so nach einer Kontrolle des Alkoholgehaltes dieser genauer eingestellt werden.

13. Das Klären oder Filtrieren

Bei Verdünnungen unter 45 Vol.-% Alkohol treten oft Trübungen auf (trotz destilliertem Wasser). Es scheiden sich Stoffe aus, welche nur bei hoher Alkoholkonzentration löslich sind. Durch einfaches Filtrieren lassen sich diese Stoffe entfernen.

Schichtenfilter für größere Schnapsmengen (auch für Saft- und Mostfiltration geeignet)

Fallweise wird empfohlen, den Schnaps nach Einstellung der Trinkstärke einige Tage bei Minusgraden (−5° C bis −7° C) zu lagern, um spätere Trübungen zu vermeiden. Die Trinktemperatur eines Obstschnapses liegt bei 15 bis 18° C. Einen Obstschnaps in den Kühlschrank zu stellen, ist ein Unfug, da bei Kälte sein Aroma nicht zur Geltung kommt. Es ist daher eine zu starke Abkühlung vor der Filtration nicht notwendig. Eine starke Trübung kann auch zu Aromaverlusten führen.
Nach Erfahrungen des Autors genügt bei Obstschnäpsen eine Lagerung nach 0° C durch 1 bis 2 Wochen.
Es gibt nun verschiedene Filtrationsmöglichkeiten. Sie richten sich nach der Schnapsmenge, und zusätzlich ist es auch eine Preisfrage.

a) Schichtenfilter
Die Filtration funktioniert ausgezeichnet, doch ist der Filter relativ teuer. Es rentiert sich nur bei einer größeren Schnapsmenge. Günstig wäre, wenn man

Schnapsfilter mit Filterkerze (Type Zeta-Plus)
Mitte – Filter mit Filterkerze für Schnaps
Rechts – Filterkerze für Säfte
Links – Filterkerze zur Wasserenthärtung (Ionenaustauscher, regenerierbar)

leihweise einen bekommen könnte oder wenn sich mehrere Schnapsbrenner gemeinsam einen kaufen würden. Der Arbeitsvorgang erfolgt laut Gebrauchsanleitung, welche man mit dem Filter bekommt.

b) Schnapsfilter mit Filterkerze (Type Zeta-Plus)
Es ist dies ein kleines handliches Gerät, welches preislich erschwinglich und für kleine und größere Schnapsmengen gut geeignet ist. Der Filter wird in rostfreiem Stahl und in Kunststoff gebaut. Die Filterung erfolgt durch ein asbestfreies Filtermaterial. In einer Stunde können 100 bis 200 l Schnaps filtriert werden. Das Gerät arbeitet ohne Pumpe. Es ist nur eine Höhendifferenz zwischen Zu- und Abfluß von 1 bis 3 m notwendig. Nach dem Gebrauch wird der Filter ausgewaschen und nach dem Trocknen bis zur nächsten Filtration aufbewahrt.

Zur Bereitung von Verschnittwasser gibt es für diesen Filter einen Einsatz zur Wasserenthärtung (Kationenaustauscher).

Vinamat Schnapsfilter – für kleinere Schnapsmenge sehr gut geeignet

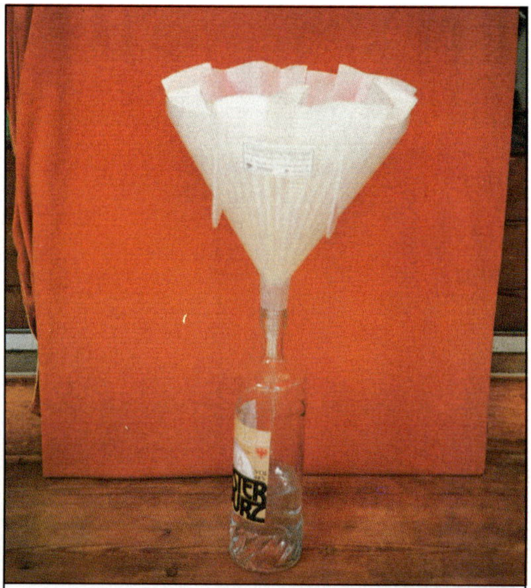

Filtertrichter mit Faltenfilter

c) Vinamat-Filter
Es ist dies ein Kleinfilter mit zwei Filterschichten und einem 5-Liter-Gefäß mit Pumpe. Für kleinere Schnapsmengen sehr gut geeignet.

d) Trichterfilter
Geeignet für kleine Schnapsmengen. Entsprechende Faltenfilter werden in einen Trichter eingelegt.

Lagerung trinkfertiger Branntweine
Nach der Einstellung der Trinkstärke soll der Schnaps vor dem Verkauf mindestens einige Wochen dunkel und warm lagern. Schnaps und Wasser müssen sich erst richtig „verbeißen“. Ein gut gelagerter Schnaps soll mild und harmonisch schmecken. Scharfe und stark in Mund und Hals brennende Schnäpse sind kein Qualitätsmerkmal. Der fertig eingestellte Schnaps kann in Flaschen oder auch größeren Behältern gelagert werden.
Beim Füllen der Lagerbehälter ist darauf zu achten, daß sich der Branntwein beim Erwärmen stark ausdehnt (Bruchgefahr!).

14. Verkauf

Guter selbstgebrannter Schnaps soll, falls etwas verkauft wird, auch in entsprechenden Flaschen zum Verkauf angeboten werden. Es macht kein schönes Bild, wenn man Flaschen verwendet, die noch das Etikett des Vorproduktes tragen. Im allgemeinen soll man klare durchsichtige Flaschen verwenden.
Für Spezialschnäpse sollte man besondere Flaschenformen verwenden, wobei auch gefärbte Flaschen (grün, blau usw.) ein sehr attraktives Bild geben. Solche Flaschen sind besonders für Geschenke sehr beliebt.

Ansprechende Aufmachung

Bei Spezialschnäpsen ist natürlich auch ein entsprechendes Etikett mit Namen des Erzeugers notwendig. Auf der Flaschenrückseite oder mittels Anhänger kann eine kurze Produktbeschreibung erfolgen.

15. Trinkkultur

Die verschiedenen alkoholischen Getränke haben eine optimale Trinktemperatur, damit ihr Aroma, ihr Geschmack und ihre Eigenart voll zur Geltung kommen. Heute ist es leider vielfach so, daß fast alle Getränke zum Trinken kalt sein müssen. Besinnen wir uns doch wieder und trinken die diversen Getränke mit der richtigen Temperatur. Bei den Schnäpsen ist es so, daß z. B. Kornschnäpse kalt zu trinken sind. Bei den verschiedenen Obstschnäpsen kommt ihre Eigenart erst bei höheren Temperaturen (15° C bis 18° C) voll zur Wirkung. Obstschnäpse gehören daher nicht in den Kühlschrank, außer besonders schlechte Qualitäten.

Qualitätsschnaps nicht so anbieten!

16. Spezialschnäpse

In den vorhergehenden Kapiteln wurde die Verarbeitung von verschiedenen Rohstoffen zu Schnaps beschrieben. Bei einigen Spezialschnäpsen sind zusätzlich noch einige Erläuterungen und Angaben für das gute Gelingen notwendig.

Bei Wacholder, Enzian und Meisterwurz gilt laut Lebensmittelkodex folgendes: Wenn man Schnäpse mit obiger Bezeichnung in den Handel bringt (z. B. Bauernmarkt, Ab-Hof-Verkauf), muß der Destillatanteil jeweils mindestens 5% betragen. Gibt man zur Obstmaische nur etwas von diesen Rohstoffen dazu, darf das Endprodukt nicht mehr unter der Bezeichnung Wacholder, Enzian oder Meisterwurz in den Handel gebracht werden. Sie dürfen dann nur unter folgender Bezeichung angepriesen werden:
Obstler mit Enzian
Obstler mit Meisterwurz
Obstler mit Wacholder
Der Alkoholgehalt soll zwischen 42 und 45 Vol.-% liegen. Stärkere Schnäpse werden heute kaum mehr gewünscht.
Vorschlag für Destillatanteildeklarierung: z.B. 99% Obstler, 1% Enzian

16.1 Obstler mit Enzian

Landläufig versteht man darunter heute einen Schnaps, der aus einer Mischung von Obstler und Enzianschnaps besteht. Die Herstellung ist verhältnismäßig einfach. Frische Enzianwurzeln werden gründlich mit Wasser und Bürste gereinigt, etwas zerkleinert und durch die Fleischmaschine getrieben. Man gibt dann zirka 1 kg Wurzeln zu je 100 l frischer Obstmaische und mischt gut durch. Die Enzianwurzeln können nun mit der Obstmaische vergären. Es ist dadurch die Aroma- und Geschmacksausbeute wesentlich besser als bei einem Auslaugen der Wurzeln im Rauhwasser. Durch die Vergärung wird zusätzlich der in den Wurzeln enthaltene Zucker in Alkohol umgewandelt.
Man kann aber auch mehr Enzianwurzeln pro 100 l Maische dazugeben. Sollte der gewonnene Branntwein ein zu kräftiges Enzianaroma haben, kann er später mit normalem Obstler verschnitten werden, bis Geruch und Geschmack als passend empfunden werden. Verwendet man getrocknete Wurzeln, ist die Vorgangsweise grundsätzlich gleich. Sind die getrockneten Wurzeln schon zerkleinert, mischt man zirka 30 dag oder mehr zu 100 l Obstmaische. Größere Wurzelstücke weicht man in Wasser ein und treibt sie dann durch die Fleischmaschine.

Man kann aber auch die frischen oder getrockneten Wurzeln in das Rauhwasser geben und nach einigen Tagen feinbrennen. Um das ganze Aroma herauszubekommen, seiht man nach dem Feinbrand die Wurzeln ab und gibt sie nochmals einem Rauhwasser zu. Wenn es möglich ist, sollen die Wurzeln unbedingt mitvergoren werden. Als Anhaltspunkt für die Wurzelmenge gilt, daß für 8 bis 10 l Schnaps zirka 1 kg frische oder ⅓ kg getrocknete Wurzeln benötigt werden. Wer noch keine Erfahrung hat, sollte am Anfang ruhig etwas mehr Wurzeln verwenden.
Vor dem Verkauf sollte der Branntwein längere Zeit lagern. Der zuerst aufdringliche, bittere Geschmack rundet sich dann gut ab.
Die Enzianwurzeln können auch allein vergoren und gebrannt werden. Es hat dies aber heute kaum mehr Bedeutung, da nicht mehr unbeschränkte Mengen Wurzeln gegraben werden können.

Reiner Enzianbrand
Wurzeln gut reinigen, stark zerkleinern und etwa gleich viel Wasser dazugeben, ½ kg Preßhefe/hl und 40 g Ammonsulfat oder Ammonphosphat/hl als Hefenahrung dazugeben. Die Gärtemperatur soll mindestens 24° C betragen.
Gärdauer: zirka 5 bis 6 Wochen.

16.2 Obstler mit Meisterwurz

Die Verarbeitung der Wurzeln ist gleich wie beim Enzian. Nach Möglichkeit sollen auch hier frische Wurzeln verwendet werden, da sie ein besseres Aroma liefern. Eine Vergärung mit der Obstmaische ist vorteilhafter.
Man gibt mindestens ⅓ kg trockene bzw. 1 kg frische Wurzeln, welche durch den Fleischwolf getrieben wurden, zur Obstmaische. Man kann aber ruhig mehr dazugeben und später die gewünschte Geschmacksnote mit neutralem Schnaps einstellen.

16.3 Obstler mit Wacholder

Reiner Wacholderschnaps hat ein zu aufdringliches Aroma. Für den Abfindungsbrenner ist auch hier wieder eine Mischung mit Obstmaische oder das Auslaugen im Lutter zu empfehlen. Da das Wacholderaroma sehr kräftig ist,

kann man damit nicht ganz einwandfreien Rauhbrand mit Wacholderbeeren versetzen.
Wie stark das Wacholderaroma nun sein soll, hängt sehr vom persönlichen Geschmack ab. Es ist auch hier zu empfehlen, eine geringe Menge, aber dafür kräftigeren Wacholderschnaps herzustellen. Man kann dann mit normalem Schnaps auf die gewünschte Stärke verdünnen.
Pro Hektoliter Maische rechnet man zirka 20 bis 30 dag getrocknete Beeren. Man kann auch die Beeren mit Rauhbrand in einer Menge von 80 bis 100 dag pro Hektoliter zugeben.
Die Beeren treibt man vorher wieder am besten durch einen Fleischwolf. Verwendet werden nur trockene Beeren. Wer einen stärkeren Wacholdergeschmack will, gibt eine größere Menge zur Obstmaische.

16.4 Vogelbeerschnaps (Ebereschenschnaps)

Die Vogelbeeren so lange wie möglich am Baum belassen. Die gewöhnliche (unveredelte) Vogelbeere soll sogar vor der Ernte einige Fröste mitmachen. Die süße oder Mährische Eberesche wird bei der Reife gerne von den Vögeln gefressen, und der Erntetermin richtet sich eigentlich nach dem Vogelfraß.
Man kann die Früchte ruhig 2 bis drei Wochen in Steigen locker lagern, wenn man nicht sofort zum Einmaischen kommt! Eingemaischt werden nur die Beeren. Die Stiele und Kämme müssen entfernt werden, da sie dem Schnaps einen bitteren Geschmack verleihen. Zum Abrebeln (Entfernung der Stiele und Kämme) gibt es geeignete Rebelmaschinen. Diese können auch für Holunder verwendet werden. Kleine Mengen können über ein Hasengitter abgerebelt werden (siehe Seite 52).
Zum Einmaischen müssen die Beeren gequetscht werden (Maischemühle oder Stampfen mit Holzstößel). Da die Vergärung oft schwierig ist, muß unbedingt Reinhefe zugesetzt werden (Kapitel 6, Seite 44 bis 46). Wenn bei der gewöhnlichen Eberesche Schwierigkeiten bei der Vergärung auftreten, so müßte man pro Hektoliter Maische 40 g Ammonsulfat oder Ammonphosphat in etwas Wasser aufgelöst der Maische zugeben. Da die Beeren wenig Saft enthalten, ist meistens ein Wasserzusatz notwendig. Es könnte sonst Schimmelbildung oder Erwärmung eintreten. Man gibt nach dem Füllen des Fasses (1/10 Gärraum freilassen) soviel lauwarmes Wasser dazu, daß es gerade über der Maische steht und mischt alles gut durch. Die Maische soll zur Vergärung dickflüssig sein.

Handliche Rebelmaschine für Vogelbeeren und Holunder

Da Vogelbeeren etwas schwer vergären, soll man die Maische mindestens 6 bis 8 Wochen gären lassen. Bei Temperaturen unter 18° C braucht sie noch länger. Ein Mischung mit Kernobstmaische ist in jedem Verhältnis möglich.
Eine gute Vergärung ist auch mit Preßhefe (Germ) möglich. Es werden 300 bis 500 g Hefe/hl Maische zugesetzt. Die Maischetemperatur muß aber mindestens 24° C betragen, da die Preßhefe höhere Temperaturen benötigt.
Der Mittellauf wird bis 40 Vol.-% herabgebrannt, weil gute Aromastoffe bis dahin noch übergehen.

16.5 Schwarzer Holunder

Auch hier muß die Frucht ohne Stiele und Kämme eingemaischt werden. Man kann den Holunder über ein engmaschiges Gitter wie die Vogelbeeren abstreifen oder eine Rebelmaschine verwenden. Zum Einmaischen brauchen die Beeren nicht zerkleinert werden. Die Maische soll aber nach Gärbeginn ein- bis zweimal durchgerührt werden. Ein Zusatz von Reinhefe ist günstig.

Die Gärdauer beträgt 12 bis 14 Tage, bei kühler Witterung eventuell drei Wochen. Anschließend soll rasch abgebrannt werden, da Holundermaische leicht verdirbt. Der Brennvorgang ist wie bei Obstmaische, doch muß man etwas vorsichtiger brennen, da Holundermaische gern schäumt und übersteigt. Es ist daher günstig, die Maische vor dem Aufsetzen des Brennhelmes etwas anzuwärmen und umzurühren.
Es kann auch Holunder und Kernobst eingemaischt werden. Dies ist zu empfehlen, wenn zu wenig Holunder für ein eigenes Gärfaß zur Verfügung steht.

Tabelle zur Bestimmung des wirklichen Alkoholgehaltes in Volumprozenten										
Abgelesene Grade am Alkoholometer	Temperatur nach Celsius									
	5	6	7	8	9	10	11	12	13	14
35	41,1	40,7	40,3	39,9	39,5	39,1	38,7	38,3	37,9	37,4
36	42,1	41,7	41,3	40,9	40,5	40,1	39,7	39,3	38,8	38,4
37	43,1	42,7	42,3	41,9	41,5	41,1	40,6	40,2	39,8	39,4
38	44,0	43,6	43,2	42,8	42,4	42,0	41,6	41,2	40,8	40,4
39	45,0	44,6	44,2	43,8	43,4	43,0	42,6	42,2	41,8	41,4
40	45,9	45,5	45,1	44,8	44,4	44,0	43,6	43,2	42,8	42,4
41	46,9	46,5	46,1	45,7	45,3	44,9	44,5	44,2	43,8	43,4
42	47,8	47,4	47,1	46,7	46,3	45,9	45,5	45,1	44,7	44,4
43	48,8	48,4	48,0	47,6	47,3	46,9	46,5	46,1	45,7	45,3
44	49,7	49,3	49,0	48,6	48,2	47,8	47,5	47,1	46,7	46,3
45	50,7	50,3	49,9	49,6	49,2	48,8	48,4	48,1	47,7	47,3
46	51,6	51,3	50,9	50,5	50,2	49,8	49,4	49,0	48,7	48,3
47	52,6	52,2	51,8	51,5	51,1	50,7	50,4	50,0	49,6	49,3
48	53,5	53,2	52,8	52,4	52,1	51,7	51,4	51,0	50,6	50,2
49	54,5	54,1	53,8	53,4	53,1	52,7	52,3	52,0	51,6	51,2
50	55,4	55,1	54,7	54,4	54,0	53,7	53,3	52,9	52,6	52,2
51	56,4	56,1	55,7	55,3	55,0	54,6	54,3	53,9	53,6	53,2
52	57,4	57,0	56,7	56,3	56,0	55,6	55,3	54,9	54,5	54,2
53	58,3	58,0	57,6	57,3	56,9	56,6	56,2	55,9	55,5	55,2
54	59,3	58,9	58,6	58,3	57,9	57,6	57,2	56,9	56,5	56,1
55	60,2	59,9	59,6	59,2	58,9	58,5	58,2	57,8	57,5	57,1
56	61,2	60,9	60,5	60,2	59,9	59,4	59,2	58,8	58,5	58,1
57	62,2	61,8	61,5	61,2	60,8	60,5	60,1	59,8	59,5	59,1
58	63,1	62,8	62,5	62,1	61,8	61,5	61,1	60,8	60,4	60,1
59	64,1	63,8	63,4	63,1	62,8	62,4	62,1	61,8	61,4	61,1
60	65,1	64,7	64,4	64,1	63,8	63,4	63,1	62,7	62,4	62,1
61	66,0	65,7	65,4	65,1	64,7	64,4	64,1	63,7	63,4	63,1
62	67,0	66,7	66,4	66,0	65,7	65,4	65,0	64,7	64,4	64,0
63	68,0	67,7	67,3	67,0	66,7	66,3	66,0	65,7	65,4	65,0
64	68,9	68,6	68,3	68,0	67,7	67,3	67,0	66,7	66,3	66,0
65	69,9	69,6	69,3	68,9	68,6	68,3	68,0	67,7	67,3	67,0
66	70,9	70,6	70,2	69,9	69,6	69,3	69,0	68,6	68,3	68,0
67	71,8	71,5	71,2	70,9	70,6	70,3	69,9	69,6	69,3	69,0
68	72,8	72,5	72,2	71,9	71,5	71,2	70,9	70,6	70,3	70,0
69	73,8	73,5	73,1	72,8	72,5	72,2	71,9	71,6	71,3	70,9
70	74,7	74,4	74,1	73,8	73,5	73,2	72,9	72,6	72,2	71,9

Beispiel:
Die Alkoholometerablesung (Eichtemperatur 20°) beträgt für einen bestimmten Schnaps bei 15° C 45 Vol.-%. Es ist der Alkoholgehalt bei 20° wie folgt zu ermitteln.

für Alkoholometer mit 20° C Eichtemperatur (Volumkonzentration bei 20° C)										
Temperaturgrade nach Celsius										
15	16	17	18	19	20	21	22	23	24	25
37,0	36,6	36,2	35,8	35,4	35,0	34,6	34,2	33,8	33,4	33,0
38,0	37,6	37,2	36,8	36,4	36,0	35,6	35,2	34,8	34,4	34,0
39,0	38,6	38,2	37,8	37,4	37,0	36,6	36,2	35,8	35,4	35,0
40,0	39,6	39,2	38,8	38,4	38,0	37,6	37,2	36,8	36,4	36,0
41,0	40,6	40,2	39,8	39,4	39,0	38,6	38,2	37,8	37,4	37,0
42,0	41,6	41,2	40,8	40,4	40,0	39,6	39,2	38,8	38,4	38,0
43,0	42,6	42,2	41,8	41,4	41,0	40,6	40,2	39,8	39,4	39,0
44,0	43,6	43,2	42,8	42,4	42,0	41,6	41,2	40,8	40,4	40,0
44,9	44,6	44,2	43,8	43,4	43,0	42,6	42,2	41,8	41,4	41,0
45,9	45,5	45,2	44,8	44,4	44,0	43,6	43,2	42,8	42,4	42,0
46,9	46,5	46,2	45,8	45,4	45,0	44,6	44,2	44,8	44,4	43,1
47,9	47,5	47,1	46,8	46,4	46,0	45,6	45,2	44,8	44,5	44,1
48,9	48,5	48,1	47,8	47,4	47,0	46,6	46,2	45,9	45,5	45,1
49,9	49,5	49,1	48,8	48,4	48,0	47,6	47,2	46,9	46,5	46,1
50,9	50,5	50,1	49,7	49,4	49,0	48,6	48,2	47,9	47,5	47,1
51,8	51,5	51,1	50,7	50,4	50,0	49,6	49,3	48,9	48,5	48,1
52,8	52,5	52,1	51,7	51,4	51,0	50,6	50,3	49,9	49,5	49,1
53,8	53,5	53,1	52,7	52,4	52,0	51,6	51,3	50,9	50,5	50,2
54,8	54,4	54,1	53,7	53,4	53,0	52,6	52,3	51,9	51,5	51,2
55,8	55,4	55,1	54,7	54,4	54,0	53,6	53,3	52,9	52,5	52,2
56,8	56,4	56,1	55,7	55,4	55,0	54,6	54,3	53,9	53,6	53,2
57,8	57,4	57,1	56,7	56,4	56,0	55,6	55,3	54,9	54,6	54,2
58,8	58,4	58,1	57,7	57,4	57,0	56,6	56,3	55,9	55,6	55,2
59,7	59,4	59,1	58,7	58,4	58,0	57,6	57,3	56,9	56,6	56,2
60,7	60,4	60,0	59,7	59,3	59,0	58,6	58,3	57,9	57,6	57,2
61,7	61,4	61,0	60,7	60,3	60,0	59,7	59,3	58,9	58,6	58,2
62,7	62,4	62,0	61,7	61,3	61,0	60,7	60,3	60,0	59,6	59,3
63,7	63,4	63,0	62,7	62,3	62,0	61,7	61,3	61,0	60,6	60,3
64,7	64,4	64,0	63,7	63,3	63,0	62,7	62,3	62,0	61,6	61,3
65,7	65,3	65,0	64,7	64,3	64,0	63,7	63,3	63,0	62,6	62,3
66,7	66,3	66,0	65,7	65,3	65,0	64,7	64,3	64,0	63,6	63,3
67,7	67,3	67,0	66,7	66,3	66,0	65,7	65,3	65,0	64,6	64,3
68,6	68,3	68,0	67,7	67,3	67,0	66,7	66,3	66,0	65,7	65,3
69,6	69,3	69,0	68,7	68,3	68,0	67,7	67,3	67,0	66,7	66,3
70,6	70,3	70,0	69,7	69,3	69,0	68,7	68,3	68,0	67,7	67,3
71,6	71,3	71,0	70,6	70,3	70,0	69,7	69,3	69,0	68,7	68,4

Wir suchen in der linken Spalte (abgelesene Grade am Alkoholometer) die Zahl 45 und gehen in der Zeile nach rechts bis zur Spalte 15° C. Dort Steht 46,9 d. h., der wirkliche Alkoholgehalt bei 20° C beträgt 46,9 Vol.-%.

Gradzahl des Branntweines, der herabgesetzt wird	Mischungstabelle zum Milde-													
	Gewünschter Gradgehalt													
	40	41	42	43	44	45	46	47	48	49	50	51	52	53
	Auf 1 Hektoliter Branntwein sind Liter Wasser zuzusetzen													
70	77,6	73,2	69,1	65,2	61,4	57,8	54,3	51,0	47,8	44,7	41,8	39,0	36,2	33,6
69	75,0	70,7	66,6	62,7	59,0	54,4	52,0	48,7	45,6	42,6	39,7	36,9	34,2	31,6
68	72,3	68,1	64,1	60,3	56,6	53,1	49,7	46,5	43,4	40,4	37,6	34,8	32,2	29,6
67	69,7	65,6	61,6	57,8	54,2	50,8	47,4	44,3	41,2	38,3	35,5	32,8	30,1	27,6
66	67,1	63,0	59,1	55,4	51,8	48,4	46,1	42,0	39,0	36,1	33,4	30,7	28,1	25,6
65	64,5	60,5	56,6	52,9	49,4	46,1	42,9	39,8	36,8	34,0	31,3	28,6	26,1	23,7
64	61,9	57,9	54,1	50,5	47,1	43,8	40,6	37,6	34,6	31,8	29,2	26,6	24,1	21,7
63	59,3	55,4	51,6	48,1	44,7	41,4	38,3	35,3	32,5	29,7	27,1	24,5	22,1	19,7
62	57,6	52,8	49,1	45,6	42,3	39,1	36,0	33,1	30,3	27,6	25,0	22,5	20,0	17,7
61	54,0	50,3	46,7	43,2	39,9	36,8	33,8	30,9	28,1	25,4	22,9	20,4	18,0	15,7
60	51,4	47,7	44,2	40,8	37,5	34,5	31,5	28,6	25,9	23,3	20,8	18,3	16,0	13,7
59	48,8	45,2	41,7	38,4	35,2	32,1	29,2	26,4	23,7	21,2	18,7	16,3	14,0	11,8
58	46,2	42,6	39,2	35,6	32,8	29,8	26,9	24,2	21,6	19,0	16,6	14,2	12,0	9,9
57	43,6	40,1	36,7	33,5	30,5	27,5	24,7	22,0	19,4	16,9	14,5	12,2	10,0	7,8
56	41,1	37,6	34,3	31,1	28,1	25,2	22,4	19,8	17,2	14,8	12,4	10,2	8,0	5,9
55	38,5	35,0	31,8	28,7	25,7	22,9	20,2	17,6	15,1	12,7	10,3	8,1	6,0	3,9
54	35,9	32,5	29,3	26,3	23,4	20,6	17,9	15,3	12,9	10,5	8,3	6,1	4,0	1,9
53	33,3	30,0	26,9	23,9	21,0	18,3	15,7	13,2	10,7	8,4	6,2	4,1	2,0	
52	30,7	27,5	24,4	21,5	18,7	16,0	13,4	11,0	8,6	6,3	4,1	2,0		
51	28,1	25,0	22,0	19,1	16,3	13,7	11,2	8,7	6,4	4,2	2,1			
50	25,6	22,5	19,5	16,7	14,0	11,4	8,9	6,6	4,3	2,1				

Die beiden Tabellen wurden mit der Bewilligung des Scholle-Verlages, Wien, dem Scholle-Band Nr. 118, „Fruchtbranntweine und ihre Bereitung“ von Hofrat Josef Löschnig, entnommen.

Beispiel

Der zu verdünnende Mittellauf hat einen Alkoholgehalt von 64 Vol.-%. Der gewünschte Alkoholgehalt soll 45 Vol.-% betragen. Wir suchen in der linken Spalte (Gradzahl des Branntweines, der herabgesetzt wird) die Zahl 64 auf, gehen in der Zeile nach rechts bis zur Spalte des gewünschten Gradgehaltes (45 Vol.-%), dort steht die Zahl 43,8, d.h., in 100 l Mittellauf von 64 Vol.-% sind 43,8 l Wasser zu schütten, damit ein Alkoholgehalt von 45 Vol.-% erreicht wird.

machen der Fruchtbranntweine															
Gewünschter Gradgehalt															
54	55	56	57	58	59	60	61	62	63	64	65	66	67	68	69
Auf 1 Hektoliter Branntwein sind Liter Wasser zuzusetzen															
31,1	28,6	26,3	24,0	21,8	19,6	17,6	15,6	13,6	11,7	9,7	8,1	6,4	4,7	3,1	1,5
29,1	26,7	24,4	22,1	20,0	17,8	15,8	13,8	11,9	10,1	8,2	6,5	4,8	3,2	1,6	
27,2	24,8	22,5	20,3	18,1	16,0	14,0	12,1	10,2	9,4	6,6	4,9	3,2	1,6		
25,2	22,9	20,6	18,4	16,3	14,3	12,3	10,4	8,5	6,7	4,9	3,2	1,6			
23,2	20,9	18,7	16,6	14,5	12,5	10,5	8,6	6,8	5,0	3,3	1,6				
21,3	19,0	16,8	14,7	12,7	10,7	8,8	6,9	5,1	3,3	1,6					
19,4	17,1	15,0	12,8	10,9	8,9	7,0	5,2	3,4	1,7						
17,4	15,2	13,1	11,0	9,0	7,1	5,2	3,4	1,7							
15,5	13,3	11,2	9,8	7,2	5,3	3,5	1,7								
13,5	11,4	9,3	7,3	5,4	3,5	1,7									
11,6	9,5	7,4	5,5	3,6	1,8										
9,6	7,6	5,6	3,8	1,8											
7,7	5,7	3,7	1,8												
5,8	3,8	1,9													
3,8	1,9														
1,9															

Tabelle zur Bestimmung des wirklichen Alkoholgehaltes in Volumprozenten										
Abgelesene Grade am Alkoholometer	Temperaturgrade nach Celsius									
	12,5	13,75	15,0	16,25	17,5	18,75	20,0	21,5	22,5	23,75
35	36,0	35,5	35,0	34,5	34,0	33,5	33,0	32,4	31,9	31,4
36	37,0	36,5	36,0	35,5	35,0	34,5	34,0	33,4	32,9	32,4
37	38,0	37,5	37,0	36,5	36,0	35,5	35,0	34,4	33,9	33,4
38	39,0	38,5	38,0	37,5	37,0	36,5	36,0	35,5	34,9	34,4
39	40,0	39,5	39,0	38,5	38,0	37,5	37,0	36,5	36,0	35,5
40	41,0	40,5	40,0	39,5	39,0	38,5	38,0	37,5	37,0	36,5
41	42,0	41,5	41,0	40,5	40,0	39,5	39,0	38,5	38,0	37,5
42	43,0	42,5	42,0	41,5	41,0	40,5	40,0	39,5	39,0	38,5
43	44,0	43,5	43,0	42,5	42,0	41,5	41,0	40,5	40,0	39,6
44	45,0	44,5	44,0	43,5	43,0	42,5	42,0	41,6	41,1	40,6
45	46,0	45,5	45,0	44,5	44,0	43,5	43,1	42,6	42,1	41,6
46	47,0	46,5	46,0	45,5	45,0	44,6	44,1	43,6	43,1	42,6
47	48,0	47,5	47,0	46,5	46,0	45,6	45,1	44,6	44,1	43,6
48	48,9	48,5	48,0	47,5	47,0	46,6	46,1	45,6	45,1	44,6
49	49,9	49,5	49,0	48,5	48,1	47,6	47,1	46,6	46,1	45,7
50	50,9	50,5	50,0	49,5	49,1	48,6	48,1	47,6	47,1	46,7
51	51,9	51,5	51,0	50,5	50,1	49,6	49,1	48,6	48,1	47,7
52	52,9	52,5	52,0	51,5	51,1	50,6	50,2	49,7	49,2	48,7
53	53,9	53,4	53,0	52,5	52,1	51,6	51,2	50,7	50,2	49,8
54	54,9	54,4	54,0	53,6	53,1	52,6	52,2	51,7	51,3	50,8
55	55,9	55,4	55,0	54,6	54,1	53,7	53,2	52,7	52,3	51,8
56	56,9	56,4	56,0	55,6	55,1	54,7	54,2	53,8	53,3	52,9
57	57,9	57,4	57,0	56,6	56,1	55,7	55,2	54,8	54,3	53,9
58	58,9	58,4	58,0	57,6	57,1	56,7	56,2	55,8	55,3	54,9
59	59,9	59,4	59,0	58,6	58,1	57,7	57,2	56,8	56,4	55,9
60	60,9	60,4	60,0	59,6	59,1	58,7	58,2	57,8	57,4	56,9
61	61,9	61,4	61,0	60,6	60,1	59,7	59,3	58,8	58,4	57,9
62	62,9	62,4	62,0	61,6	61,1	60,7	60,3	59,8	59,4	58,9
63	63,8	63,4	63,0	62,6	62,1	61,7	61,3	60,8	60,4	60,0
64	64,8	64,4	64,0	63,6	63,1	62,7	62,3	61,8	61,4	61,0
65	65,8	65,4	65,0	64,6	64,2	63,7	63,3	62,9	62,4	62,0
66	66,8	66,4	66,0	65,6	65,2	64,7	64,3	63,9	63,4	63,0
67	67,8	67,4	67,0	66,6	66,2	65,7	65,3	64,9	64,5	64,0
68	68,8	68,4	68,0	67,6	67,2	66,7	66,3	65,9	65,5	65,1
69	69,8	69,4	69,0	68,6	68,2	67,8	67,3	66,9	66,5	66,1
70	70,8	70,4	70,0	69,6	69,2	68,8	68,4	68,0	67,5	67,1

Beispiel:
Die Alkoholometerablesung beträgt für einen bestimmten Schnaps bei 20° C 45 Vol.-%. Es ist der Alkoholgehalt bei 15° wie folgt zu ermitteln.

für Alkoholometer mit 15° C Eichtemperatur										
Temperaturgrade nach Celsius										
25,0	26,25	27,5	28,75	30,0	31,25	32,5	33,75	35,0	36,25	37,5
30,9	30,4	29,9	29,4	28,9	28,4	27,9	27,4	26,9	26,4	25,9
31,9	31,4	30,9	30,4	29,9	29,4	28,9	28,4	27,9	27,4	26,9
32,9	32,4	31,9	31,4	30,9	30,4	29,9	29,4	28,9	28,4	27,9
33,9	33,4	32,9	32,4	31,9	31,4	30,9	30,4	29,9	29,4	28,9
34,9	34,4	33,9	33,4	32,9	32,4	31,9	31,4	30,9	30,4	29,9
36,0	35,5	35,0	34,4	33,9	33,4	32,9	32,4	31,9	31,4	30,9
37,0	36,5	36,0	35,5	35,0	34,5	34,0	33,4	32,9	32,4	31,9
38,0	37,5	37,0	36,5	36,0	35,5	35,0	34,5	34,0	33,5	33,0
39,0	38,5	38,0	37,5	37,0	36,5	36,0	35,5	35,0	34,5	34,0
40,1	39,6	39,1	38,6	38,1	37,6	37,1	36,6	36,1	35,6	35,0
41,1	40,6	40,1	39,6	39,1	38,6	38,1	37,6	37,1	36,6	36,1
42,1	41,6	41,1	40,6	40,1	39,7	39,2	38,7	38,2	37,7	37,1
43,1	42,7	42,2	41,7	41,2	40,7	40,2	39,7	39,2	38,7	38,2
44,2	43,7	43,2	42,7	42,2	41,7	41,2	40,7	40,2	39,7	39,2
45,2	44,7	44,2	43,7	43,2	42,8	42,3	41,8	41,3	40,8	40,3
46,2	45,7	45,3	44,8	44,3	43,8	43,3	42,8	42,3	41,8	41,3
47,2	46,7	46,3	45,8	45,3	44,8	44,3	43,9	43,4	42,9	42,4
48,3	47,8	47,3	46,8	46,3	45,9	45,4	44,9	44,4	43,9	43,4
49,3	48,8	48,4	47,9	47,4	46,9	46,4	45,9	45,5	45,0	44,5
50,3	49,9	49,4	48,9	48,4	48,0	47,5	47,0	46,5	46,0	45,6
51,4	50,9	50,4	50,0	49,5	49,0	48,5	48,1	47,6	47,1	46,6
52,4	51,9	51,5	51,0	50,5	50,1	49,6	49,1	48,6	48,2	47,7
53,4	53,0	52,5	52,0	51,6	51,1	50,6	50,2	49,7	49,2	48,7
54,4	54,0	53,5	53,1	52,6	52,1	51,7	51,2	50,7	50,3	49,8
55,5	55,0	54,5	54,1	53,6	53,2	52,7	52,2	51,8	51,3	50,8
56,5	56,0	55,6	55,1	54,7	54,2	53,7	53,3	52,8	52,4	51,9
57,5	57,0	56,6	56,1	55,7	55,2	54,8	54,3	53,8	53,4	52,9
58,5	58,1	57,6	57,1	56,7	56,2	55,8	55,3	54,9	54,4	54,0
59,5	59,1	58,6	58,2	57,7	57,3	56,8	56,4	55,9	55,4	55,0
60,5	60,1	59,6	59,2	58,8	58,3	57,8	57,4	56,9	56,5	56,0
61,6	61,1	60,7	60,2	59,8	59,3	58,9	58,4	58,0	57,5	57,1
62,6	62,1	61,7	61,4	60,8	60,4	59,9	59,5	59,0	58,6	58,1
63,6	63,2	62,7	62,3	61,8	61,4	60,9	60,5	60,1	59,6	59,1
64,6	64,2	63,8	63,3	62,9	62,4	62,0	61,5	61,1	60,6	60,2
65,7	65,2	64,8	64,4	63,9	63,5	63,0	62,6	62,2	61,7	61,3
66,7	66,3	65,8	65,4	65,0	64,5	64,1	63,7	63,2	62,8	62,3

Wir suchen in der linken Spalte (abgelesene Grade am Alkoholometer) die Zahl 45 und gehen in der Zeile nach rechts bis zur Spalte 20° C. Dort steht 43,1, d. h., der wirkliche Alkoholgehalt bei 15° C beträgt 43,1 Vol.-%.

17. Brenn-Telegramm

Die wichtigsten Stationen des Schnapsbrennens in Kürze als Gedächtnisstütze, in () die Seitenzahlen zum genauen Nachlesen:

1. Welche Obstarten oder sonstigen Rohstoffe stehen dieses Jahr zum Brennen zur Verfügung (14–25).
2. Rechtzeitige Besorgung bzw. Durchsicht und Überprüfung der Gärbehälter (31–37).
3. Besorgung der Reinhefe 14 Tage vor dem Einmaischen (44–45) und Bereitung der Anstellmaische (46).
4. Maischemühlen reinigen und überprüfen.
5. Rohstoffe sammeln und entsprechend aufbereiten – nur gute, saubere und fäulnisfreie Rohstoffe ergeben einen guten Schnaps (49–53).
6. Gefrorenes sowie auch kaltes Obst vorher anwärmen, damit die Maischetemperatur von mindestens 18° C erreicht wird.
7. Einmaischen mit Zusatz von Reinhefe in Form der Anstellmaische (47–49).
8. Verschließen der Gärbehälter (57–59).
9. Die Gärtemperatur von 18 bis 20° C einhalten, damit die Gärung nicht steckenbleibt.
10. Die Gärdauer beträgt 3 bis 6 Wochen – Kontrollen mit dem Saccharometer (59–62).
11. Vor dem Brennbeginn beim zuständigen Finanzamt – Abteilung Verbrauchssteuer/Steueraufsichtsstelle – anmelden.
12. Abbrennen der Maische (78–79)
    a) Rauhbrand (80–83)
    b) Feinbrand – wichtigster Brand – langsam brennen und trennen in Vor-, Mittel- und Nachlauf (84–88).
13. Vor dem Verkauf den Alkohol bestimmen (93–97) und die richtige Trinkstärke einstellen (99–102).

18. Gesetzliche Bestimmungen

Die verschiedenen gesetzlichen Vorschriften gelten für Österreich.

Für die Herstellung von Branntwein gelten strenge gesetzliche Bestimmungen, welche unbedingt beachtet werden müssen. Vor Errichtung einer Brennerei oder der Absicht, Schnaps zu brennen, soll man sich unbedingt informieren. Zuständig ist das Finanzamt, Abteilung Verbrauchssteuer und Steueraufsichtsstelle, welche auch die Aufsicht und Kontrolle durchführt. Im Rahmen dieses Büchleins können nur einige wenige Punkte behandelt werden. Weiters gibt es auch bundesländermäßig kleine Unterschiede. Für jeden Brenner maßgebend ist die Aussage und Entscheidung des zuständigen Finanzamtes.

Das Branntweinmonopolgesetz kennt grundsätzlich vier verschiedene Arten von Brennereiberechtigten:

a) Hausbrenner
b) Abfindungsbrenner
c) Stoffbesitzer
d) Verschlußbrenner

18.1 Hausbrenner bzw. Hausbrandberechtigte

Unter bestimmten Voraussetzungen kann Branntwein gegen Entrichtung einer Überwachungsgebühr für den eigenen Gebrauch gebrannt werden. Hausbrandberechtigte sind Besitzer einer Landwirtschaft, welche diese selbst bewirtschaften, ständig körperlich mitarbeiten oder ihren Lebensunterhalt aus dem Ertrag der Landwirtschaft (inklusive Wein-, Obst- und Gartenbau) decken. Der Wohnsitz muß mit dem des Betriebes örtlich übereinstimmen. Aus der Belehrung für Hausbrandberechtigte seien folgende Punkte herausgehoben.

1. Zeitraum

Der Hausbrand darf grundsätzlich nur in den Monaten September, Oktober, November, Dezember, Jänner, Februar, März und April vorgenommen werden. Ausnahmen werden nur auf begründeten Antrag in Einzelfällen zugelassen.

2. Zeitpunkt der Anmeldung

Der Hausbrandberechtigte hat die Anmeldung für den Hausbrand in 2facher Ausfertigung spätestens 8 Tage vor Betriebseröffnung einzureichen. Als Betriebseröffnung gilt bei der Verarbeitung von Obststoffen der Beginn des ersten Abtriebes, bei der Verarbeitung von Getreide der Beginn der Einmaischung.

3. Höchstmenge

Die Menge an Branntwein, die in einem Betriebsjahr (1. Oktober bis 30. September des Folgejahres) in einer Weingeiststärke von höchstens 50 Raumhundertteilen monopolabgabefrei hergestellt werden kann, beträgt bei einem aus nicht mehr als 2 Personen bestehenden Haushalt 30 Liter. Für jeden weiteren beim Hausbrandberechtigten ständig in Kost und Wohnung stehenden Familienangehörigen und Bediensteten im Alter von über 19 Jahren erhöht sich die zulässige Höchstmenge um 6,5 Liter pro Person. In den Bundesländern Tirol und Vorarlberg wird für jede der genannten Personen eine Erhöhung um 12 Liter gewährt. Die absolute Höchstmenge beträgt 56 Liter, in Tirol und Vorarlberg 112 Liter.

4. Rohstoffe

Zum Hausbrand dürfen nur vom eigenen (gepachteten) Grund und Boden stammende Obststoffe verwendet werden. Die Verwendung von Beeren, die der Hausbrandberechtigte auf fremdem Grund und Boden sammelt, ist nicht zulässig. Ausgenommen sind Bergbauern im Sinne des Landwirtschaftsgesetzes sowie der hiezu ergangenen Verordnungen.

5. Überwachungsgebühr

Die Überwachungsgebühr wird am Tag der Zustellung des Kostenbescheides, durch den sie festgesetzt wird, fällig (§§ 315 Abs. 3 und 316 Abs. 2 BAO).

6. Verwendung des hergestellten Branntweines

Der monopolabgabefrei hergestellte Branntwein darf nur im Haushalt des Hausbrandberechtigten verwendet werden. Eine entgeltliche oder unentgeltliche Abgabe an dritte Personen, die nicht zum Haushalt gehören, ist nicht zulässig.

Der Hausbrandberechtigte darf im Laufe des Betriebsjahres weder Handel noch Kleinverkauf oder Ausschank (Buschenschank) mit geistigen Flüssigkeiten (Branntwein, Wein, Bier, Obstmost u. dgl.) betreiben.

7. Durchführung des Hausbrandverfahrens

7.1 Der Hausbrand darf nur wie angemeldet durchgeführt werden. Gemischte Maischen sind als solche in der Anmeldung ausdrücklich zu bezeichnen.

7.2 Die vergorenen Rohstoffe (Maische) müssen in einem Zug abgebrannt werden. Die Abtriebe haben hintereinander Tag und Nacht (mit Ausnahme von Sonn- und Feiertagen) zu erfolgen.

7.3 Betriebshindernisse vor oder während des Brennens sind ehestens dem zuständigen Finanzamt schriftlich oder mündlich anzuzeigen. Bei mündlicher Anzeige ist unbedingt eine schriftliche Mitteilung im nachhinein erforderlich. Geben Sie diesen Brief zu Ihrer eigenen Sicherheit eingeschrieben auf. Nur im Fall der sofortigen Anzeige kann das Brennverfahren auf eine spätere Zeit verlegt werden. Beginn und Ende der Brennzeit sind dann entsprechend anzupassen.

7.4 Die am Brenngerät amtlich angebrachten Verschlüsse dürfen vom Hausbrandberechtigten in keiner Form verändert oder beschädigt werden. Ausnahmsweise können die Verschlüsse selbst gelöst werden, wenn bis zum angemeldeten Beginn des Brennens ein Organ des Finanzamtes nicht zur Stelle ist. Der Hausbrandberechtigte kann einen Zeugen zuziehen und hat den Tag und die Stunde, in der er die Verschlüsse gelöst hat, auf der Rückseite der Anmeldung für den Hausbrand zu vermerken. Dieser Vermerk ist vom eventuell zugezogenen Zeugen zu bestätigen.

8. Ort der Hausbrandherstellung

Der gesamte Hausbrand (Maischebereitung, Vergärung, Rohbrand, Feinbrand) darf nur auf eigenem (gepachteten) Grund und Boden und nur mit eigenen Kräften oder mit Hilfe von Familienangehörigen oder Bediensteten, die im Haus des Hausbrandberechtigten ständig Kost und Wohnung erhalten, durchgeführt werden.

9. Verleihung bzw. Entlehnung des Brenngerätes

Das Brenngerät kann in Ausnahmefällen von einem Hausbrandberechtigten derselben Gemeinde oder einer Nachbargemeinde zu Hausbrandzwecken entliehen werden.

Der Eigentümer (Verleiher) des Brenngerätes muß alle geeigneten Maßnahmen ergreifen, um einen Mißbrauch mit seinem Brenngerät zu verhindern. Der Verleiher muß jederzeit darüber Auskunft geben können, für welche Zeit das Gerät verliehen ist und welche Person das Gerät für Hausbrandzwecke benützt.

Die Hausbrandberechtigten dürfen ein entliehenes Brenngerät nicht länger als unbedingt notwendig behalten. Nach Beendigung des Brennverfahrens ist das Gerät unverzüglich zurückzustellen oder an einen anderen Hausbrandberechtigten auf Weisung des Verleihers weiterzugeben. Sofern der Kessel vor Gebrauch eingedichtet werden muß, darf zumindest der Blasenhelm erst unmittelbar vor Beginn des Brennverfahrens entfernt werden.
Zum Nachweis, daß mit dem verliehenen Brenngerät kein Mißbrauch getrieben wird, wird dem Eigentümer (Verleiher) des Gerätes empfohlen, daß er über den Aufenthalt und die Verwendung des Brenngerätes genaue Aufschreibungen führt. Können getroffene Vorsichtsmaßnahmen nicht nachgewiesen werden, treten die Folgen des Mißbrauches sowohl beim Entlehner als auch beim Verleiher ein.

Entziehung der Vergünstigung
Die Nichtbeachtung der gesetzlichen Bestimmungen, betreffend die Herstellung von monopolabgabefreiem Branntwein für den Hausbedarf, bewirkt den Wegfall der Monopolabgabefreiheit mit den sich daraus ergebenden abgaberechtlichen, monopolrechtlichen und finanzstrafrechtlichen Folgen.
Die Begünstigung, Branntwein für den Hausbedarf monopolabgabefrei herzustellen, kann – unabhängig von einem eingeleiteten Strafverfahren – auf Zeit oder Dauer entzogen werden, wenn
a) monopolabgabefreier Branntwein ohne die vorgeschriebene Anmeldung hergestellt wird,
b) eine größere Branntweinmenge als zulässig hergestellt wird und dies von vornherein beabsichtigt war,
c) der monopolabgabefrei hergestellte Branntwein ganz oder teilweise veräußert wird.
Abfindungsbrenner, welche auch die Voraussetzungen für den Hausbrand besitzen, können in jedem Brennjahr (1. Oktober bis 30. September n. J.) zwischen Hausbrand und Abfindungsbrand wählen.

18.2 Ausbeutesätze und Abgaben (Hausbrand)

Für den Hausbrand gelten folgende Ausbeutesätze:
Wein . . . . 6% Weingeist
Weingeläger . . . . 5% Weingeist

Steinobst (mit Ausnahme der Schlehen) und Obstwein	4% Weingeist
Obstweingeläger	3% Weingeist
Dirndln, Schlehen, Hagebutten, Äpfel und Birnen und anderes Kernobst, Beerengattungen und Wurzeln	2% Weingeist
Wein- und Obsttrester	1,25% Weingeist

Diese Sätze drücken die Ausbeute in 100% Weingeist aus. Da aber bei Berechnung der zustehenden Menge nur 50%iger Branntwein angegeben wird, so wird auch die Überwachungsgebühr für 50%igen Branntwein berechnet. Sie beträgt derzeit öS 3,– pro Liter 50%igem Branntwein.
Möchte jemand einen Rohstoff brennen, der hier nicht angeführt ist, muß vorher das Einvernehmen mit dem Finanzamt hergestellt werden.

Berechnungsbeispiel – Überwachungsgebühr
Ein Besitzer meldet für den Hausbrand 650 l Kernobstmaische an. Der Ausbeutesatz beträgt 2%. Das sind 2 Liter 100%iger Weingeist oder 4 Liter 50%iger Branntwein pro 100 l Maische.
Für 100 l sind also öS 12,– für die 650 l öS 78,– an Überwachungsgebühr zu bezahlen.

Berechnungsbeispiel – Schnapsmenge
Ein größerer landwirtschaftlicher Haushalt besteht aus dem Besitzer und seiner Frau, drei Kindern und drei Bediensteten, alle über 21 Jahre alt und ständig in Kost und Wohnung. Es sind also alle acht Personen hausbrandberechtigt. Demnach sind zu berechnen: 30 Liter 50%iger Branntwein für die ersten zwei Personen und je 6,5 l – in Tirol und Vorarlberg je 12 l – für die übrigen sechs Personen, zusammen 69 beziehungsweise 102 l. In Tirol und Vorarlberg würde dieser Familie die errechnete Hausbrandmenge von 102 Liter 50%igem Branntwein zugestanden werden, da in diesen beiden Ländern die Höchstmenge 112 l beträgt. In allen anderen Ländern beträgt sie jedoch nur 56 l, und es darf dort auch bei höherer Personenzahl nicht darüber hinausgegangen werden, so daß die Beispielsfamilie nicht die errechnete Menge von 69 l, sondern nur die Höchstmenge von 56 l erzeugen darf. Deshalb ist es auch möglich, daß in einem Jahr einmal nicht die ganze vorhandene Maische gebrannt werden darf. In diesem Fall muß man entweder den Rest der Maische gut verschlossen und eingeschwefelt für das nächste Jahr aufheben oder sich diesmal für das Abfin-

dungsbrennen entscheiden. In obstreichen Jahren kann für alle jene Gebiete, in denen die Höchstmenge 56 l beträgt, über eine Erhöhung verfügt werden.

18.3 Abfindungsbrenner

Es muß ein festgesetzter Branntweinaufschlag gezahlt werden.
Dafür darf der Schnaps auch verkauft werden, und bei der Herstellung können beliebige Personen mithelfen.
Es gibt zwei mengenmäßig begrenzte Brennrechte.

a) 50-l-Abfindungsbrenner, das heißt, man darf pro Jahr aus selbstgewonnenen Rohstoffen (Obststoffen) 50 Liter Alkohol (Weingeist) erzeugen. Die Berechnung erfolgt nach festgelegten Ausbeutesätzen. Es muß eine eigene Brennvorrichtung (Brennkessel) vorhanden sein bzw. gekauft werden. Der Bewerber muß grundsätzlich Landwirt oder Obstbauer sein. Das Ansuchen ist an das zuständige Finanzamt – Verbrauchssteuerstelle – zu richten.
b) 300-l-Abfindungsbrenner, das heißt, es dürfen pro Jahr 300 Liter Alkohol aus selbsterzeugten oder zugekauften Rohstoffen (Obststoffen) erzeugt werden. Dies ist ein altes Recht (aus der Zeit Maria Theresias) und ist an die Hofstelle gebunden. Es geht auf dem Erbweg weiter.
Eine Übertragung ist möglich. Es dürfen aber dann keine Rohstoffe mehr zugekauft werden. Eine Neuvergabe dieses Rechtes ist nicht mehr möglich.

18.4 Stoffbesitzer

Es sind Personen, die selbstgewonnene Obststoffe verarbeiten, aber kein Brennrecht besitzen. Sie können pro Betriebsjahr 50 Liter Alkohol erzeugen, indem sie ihr Obst bei einem Abfindungsbrenner abbrennen lassen oder sich ein Brenngerät ausleihen. Die Anmeldung hat beim Finanzamt auf eigenen Namen zu erfolgen. Stoffbesitzer dürfen selbst kein Brenngerät besitzen.

18.5 Brennen im Abschnitt

Es besteht die Möglichkeit, die Weingeistmenge in zehnjährigem Abschnitt zu brennen, das heißt, man kann innerhalb von zehn Jahren 500 l bzw. 3000 l Weingeist erzeugen. Wenn nun ein gutes Obstjahr ist, können mehr als 50 bzw. 300 l Weingeist in diesem Jahr gebrannt werden. Nach zehn Jahren verfallen eventuell Reste, und es wird wieder ein neuer Abschnitt begonnen. Durch diese Regelung kann man den oft unterschiedlichen Anfall von Rohstoffen (gute und schlechte Obstjahre) besser ausgleichen.

In obstreichen Jahren können Abfindungsbrenner über die Landeslandwirtschaftskammer um eine Erhöhung der Weingeistmenge ansuchen.

18.6 Ausbeutesätze und Abgaben (Abfindungsbrenner)

Für Abfindungsbrenner und Stoffbesitzer wird ein Branntweinaufschlag verrechnet. Dieser beträgt für Steinobst, Beeren und Enzianwurzeln öS 5000,– pro Hektoliter Weingeist und für alle anderen Stoffe öS 5400,– pro Hektoliter Weingeist. Für die Berechnung gelten folgende Ausbeutesätze:

Kirschen	5% Weingeist
Zwetschken und Mirabellen	5,5% Weingeist
Sonstiges Steinobst	3% Weingeist
Kernobst, auch abgefallenes Kernobst (Fallobst)	3% Weingeist
Kernobsttrester, d. h. vollständig ausgepreßte Rückstände von der Obstmostbereitung	1% Weingeist
Weinbeeren	4,5% Weingeist
Vogelbeeren und Wacholderbeeren, auch gewässerte	1,5% Weingeist
Sonstiges Beerenobst	2% Weingeist
Flüssige Traubenweinhefe	3% Weingeist
Gepreßte Traubenweinhefe sowie flüssige und gepreßte Obstweinhefe	2% Weingeist

Weintrester, die nach einem Aufguß von Zuckerwasser zur Nachweinbereitung gedient haben und von denen der Nachwein nicht auf einmal durch Pressung ausgeschieden, sondern nach und nach abgezogen worden ist . . . . 2,5% Weingeist
Topinamburs (Roßkartoffeln) . . . . 3,5% Weingeist
Enzian- und sonstige Wurzeln . . . . 2% Weingeist
Hefenbrühe . . . . 2% Weingeist

Beim Einmaischen ist zu achten, daß nicht Früchte mit verschiedenen Ausbeutesätzen gemischt werden. Bei gemischten Maischen wird zur Berechnung der Abgabe jene Frucht herangezogen, welche den höchsten Ausbeutesatz hat.

Beispiel
Bei einer Mischmaische von Äpfeln und Zwetschken wird zur Berechnung der Abgabe der Ausbeutesatz der Zwetschken mit 5,5% herangezogen. Zusätzlich wird auch der höhere Branntweinaufschlag von öS 54,– pro Liter Weingeist verrechnet.

Nach dem Brennvorgang wird das Brenngerät amtlich verschlossen (plombiert). Die Plombe darf bis zum nächsten Brand nicht beschädigt werden. Sollte dies doch einmal aus Versehen passieren, ist sofort eine Meldung beim zuständigen Finanzamt notwendig.
Der Brennereiberechtigte darf die Verschlüsse nur lösen, wenn bis zur Zeit des angemeldeten Brennbeginnes kein Aufsichtsbeamter kommt. Es muß aber ein Zeuge dabei sein, welcher auf dem Brennbogen bestätigt, wann die Plombe entfernt wurde.
Muß der Brennvorgang aus zwingenden Gründen (z. B. Krankheit) abgebrochen werden, ist dies auch sofort beim Finanzamt zu melden, damit man die notwendige Brennzeit später wieder bekommt.

18.7 Verschlußbrenner

Es sind dies die erwerbsmäßigen Branntweinerzeuger. Sie müssen für jeden Liter erzeugten Weingeist die entsprechende Abgabe zahlen. Die Erfassung der Weingeistmenge erfolgt über ein geeichtes Zählwerk. Es gibt auch sonst einige Unterschiede gegenüber dem Abfindungsbrenner.

19. Lebensmittelkodex

Im Österreichischen Lebensmittelkodex, Kapitel 23, werden die Spirituosen behandelt. Dort sind die Höchst- und Mindestwerte der chemischen Inhaltsstoffe sowie die Geschmacksanforderungen festgelegt. Bei einer amtlichen Überprüfung der zum Verkauf angebotenen Schnäpse müssen die Untersuchungsergebnisse den Kodexbestimmungen entsprechen. Es sind auch Regelungen über die Kennzeichnung dieser Produkte enthalten.
Der nachstehende Auszug bezieht sich nur auf Produkte, deren Alkoholgehalt zu 100% aus dem Zucker der jeweiligen Obstart stammt (Edelbranntweine), wie sie vom Abfindungbrenner (Stoffbesitzer) erzeugt werden können.
Unter Edelbranntwein (ungestreckt) versteht man die aus vergorenen Flüssigkeiten oder vergorenen Maischen zuckerhältiger Rohstoffe hergestellten, unter Beibehaltung des ihnen eigentümlichen Aromas gewonnenen Destillate sowie die daraus durch Herabsetzung des Alkoholgehaltes mit Wasser hergestellten Produkte.
Die Destillate werden meistens durch zweimaliges Brennen gewonnen.
Je nach den verwendeten Rohmaterialien sind neben Alkohol und Wasser noch charakteristische Nebenprodukte, welche den Geruch und den Geschmack beeinflussen, in diesen Produkten enthalten.
Der Alkoholgehalt von Edelbranntweinen beträgt mindestens 38,0 Vol.-%.
Die handelsüblichen Sachbezeichnungen der Edelbranntweine werden auf der Hauptetikette im Sichtfeld deutlich sicht- und lesbar angebracht, wobei in unmittelbarem Zusammenhang ebenso deutlich sicht- und lesbar die Destillatanteile deklariert werden (z. B. Obstler 100% Obst-Destillat). Die Verwendung des Wortes „original“ kann nur bei ungestreckter Ware und nur im Sinne einer Herkunftsbezeichnung erfolgen. Die Auslobung „echt“ wird nicht verwendet. Möglich sind aber die Auslobungen „fein“, „edel“ und „prima Qualität“. Wenn der Alkoholgehalt angegeben wird, muß er auf ± ½ Vol.-% stimmen. Größere Abweichungen sind strafbar. Da aber eine so genaue Alkoholmessung für den Erzeuger fast nicht möglich ist, empfiehlt sich, den Alkoholgehalt nicht anzugeben. In einer kurzen Produktbeschreibung könnte man z. B. angeben, daß der Alkoholgehalt zwischen 42 und 45 Vol.-% liegt, während dieser Wert auf dem Hauptetikett nicht angegeben werden darf.
Eine auf bäuerliche Erzeugung hinweisende Aufmachung oder Bezeichnung wie „vom Bauern“, „original Bauernschnaps“ (in Verbindung mit einer Herkunftsbezeichnung), oder „erzeugt vom Bauern“ muß als Hinweis auf die Erzeugung durch Landwirte den Tatsachen entsprechen. Bei Edelbranntweinen ist die Abbildung der namengebenden Frucht handelsüblich.

Einige Kodexbestimmungen über Kernobstmaischen

Bei der Herstellung von sortenreinen Kernobstbranntweinen, z. B. „Williamsbirnenbranntwein", wird ausschließlich sortenreines Kernobst, wie Williamsbirnen, gemahlen und der Gärung unterworfen.

Nicht sortenreine Kernobstbranntweine und Mischobstbranntweine werden aus Apfelwein, Birnenwein sowie Äpfeln und Birnen, die entsprechend zerkleinert und gemaischt werden, hergestellt.

Wird ein Kernobstbranntwein nur aus Apfelwein oder Birnenwein bzw. Äpfeln oder Birnen hergestellt, kann dies in der Bezeichnung zum Ausdruck gebracht werden (Apfelweinbranntwein, Birnenweinbranntwein bzw. Apfelbranntwein, Birnenbranntwein).

Wird das Produkt aus den in den Abs. 2 und 3 genannten Ausgangsmaterialien in irgendeiner Mischung hergestellt, trägt es auf der Hauptetikette im Sichtfeld deutlich sicht- und lesbar die Bezeichnung „Obstbranntwein" bzw. „Kernobstbranntwein" oder „Obstbrand" bzw. „Kernobstbrand" oder „Obstler".

Begriffsbestimmungen in der EU

In der Europäischen Union wurden einheitliche Begriffsbestimmungen für Spirituosen festgelegt. Durch den Beitritt Österreichs zur EU werden auch für Österreich diese Begriffsbestimmungen Geltung haben. Wie weit österreichische Begriffe (z. B. Schnaps) noch beibehalten werden können, ist derzeit nicht entschieden.

Wenn sich auch die Namen der verschiedenen Spirituosen noch ändern sollten, so bleibt die Technik des Brennens doch gleich. Wichtig ist aber immer die Erzeugung eines Qualitätsproduktes, wozu dieses Buch einen entsprechenden Beitrag leisten soll.

In Österreich ist der Begriff „Schnaps" die traditionellste Bezeichnung für alle Arten von 100% reinen Obstbränden. Er kann als Synonym für „Echten Brand" bezeichnet werden. Es wird daher in diesem Buch für Brand meistens das Wort Schnaps oder auch Branntwein verwendet.

Für die Bezeichnungen Schnaps und Branntwein wäre in Deutschland das Wort Brand zu setzen.

Begriffsvergleich für Bezeichnungen von Obstdestillaten

Europ. Gemeinschaft	Deutschland	Österreich
Obstbrand	Obstbranntwein	Schnaps
Obstwasser	Obstbrand	Branntwein
Brand aus Apfel- und Birnenwein	Obstwasser	Brand
		Obstler (Apfel-, Birnenschnaps)

Vor das Wort Schnaps wird dann der Fruchtname gesetzt, wie zum Beispiel Apfelschnaps/Apfelbrand.
Es sind auch für Österreich Änderungen im Lebensmittelkodex für Spirituosen und im Branntwein-Monopolgesetz zu erwarten.
Wer Brände oder Schnäpse in Verkehr setzt, hat sich selbstverständlich nach den jeweils geltenden gesetzlichen Bestimmungen bezüglich Alkoholbestimmung, Alkoholgehalt, Produktbezeichnung usw. zu richten.
Bei Vorliegen der neuen gesetzlichen Bestimmungen werden die wesentlichen Punkte sicher in diversen Zeitungen und Fachzeitschriften veröffentlicht. Auch die Interessenvertretungen (Kammern) können dann entsprechende Auskünfte erteilen.

Literaturnachweis

Ernst Pöch, „Qualitätsschnaps“, Leopold Stocker Verlag (vergriffen)
H. Wüstenfeld – G. Haeseler, „Trinkbranntweine und Liköre“, Verlag Paul Parey
Windisch – Rüdiger – Schwarz – Malsch, „Die Obstbrennerei“, Verlag Eugen Ulmer
Pieper – Bruckmann – Kolb, „Technologie der Obstbrennerei“, Verlag Eugen Ulmer
Physikalisch-Technische Bundesanstalt Braunschweig und Berlin und Bundesmonopolverwaltung für Branntwein, Offenbach/M., „Amtliche Alkoholtafeln“
Tanner/Brunner, „Obstbrennerei heute“, Verlag Heller Chemie

Stichwortverzeichnis